LÍNGUA PORTUGUESA
MARCHA CRIANÇA
4º ANO

Maria Teresa Marsico

Professora graduada em Letras pela Universidade Federal do Rio de Janeiro (UFRJ) e em Pedagogia pela Sociedade Unificada de Ensino Superior Augusto Motta. Atuou por mais de trinta anos como professora de Educação Infantil e Ensino Fundamental das redes municipal e particular no município do Rio de Janeiro.

Maria Elisabete Martins Antunes

Professora graduada em Letras pela Universidade Federal do Rio de Janeiro (UFRJ). Atuou durante trinta anos como professora titular em turmas do 1º ao 5º ano na rede municipal de ensino do Rio de Janeiro.

Armando Coelho de Carvalho Neto

Atua desde 1981 com alunos e professores das redes oficial e particular de ensino do Rio de Janeiro. Desenvolve pesquisas e estudos sobre metodologias e teorias modernas de aprendizado. É autor de obras didáticas para Ensino Fundamental e Educação Infantil desde 1993.

Agora você também consegue acessar o *site* exclusivo da **Coleção Marcha Criança** por meio deste QR code.

Basta fazer o *download* de um leitor QR code e posicionar a câmera de seu celular ou *tablet* como se fosse fotografar a imagem acima.

editora scipione

editora scipione

Diretoria de conteúdo e inovação pedagógica
Mário Ghio Júnior

Diretoria editorial
Lidiane Vivaldini Olo

Gerência editorial
Luiz Tonolli

Editoria de Anos Iniciais
Tatiany Telles Renó

Edição
Miriam Mayumi Nakamura e
Letícia Reys Scarp

Arte
Ricardo de Gan Braga (superv.),
Andréa Dellamagna (coord. de criação),
Gláucia Correa Koller (progr. visual de capa e miolo),
Cláudio Faustino (editor de arte) e
Casa de Tipos (diagram.)

Revisão
Hélia de Jesus Gonsaga (ger.),
Rosângela Muricy (coord.),
Ana Curci, Claudia Virgilio (prep.),
Gabriela Macedo de Andrade,
Luís Maurício Boa Nova,
Vanessa de Paula Santos e
Brenda Morais (estag.)

Iconografia
Sílvio Kligin (superv.),
Claudia Balista (pesquisa),
Cesar Wolf e Fernanda Crevin (tratamento de imagem)

Ilustrações
ArtefatoZ (capa), Ilustra Cartoon, Kanton e
Marcos Guilherme (miolo)

Cartografia
Eric Fuzii, Marcelo Seiji Hirata, Márcio Santos de Souza e
Robson Rosendo da Rocha

Direitos desta edição cedidos à Editora Scipione S.A.
Av. das Nações Unidas, 7221, 3º andar, Setor D
Pinheiros – São Paulo – SP – CEP 05425-902
Tel.: 4003-3061
www.scipione.com.br / atendimento@scipione.com.br

Os textos sem referência são de autoria de Maria Teresa Marsico e Armando Coelho.

Dados Internacionais de Catalogação na Publicação (CIP)
(Câmara Brasileira do Livro, SP, Brasil)

Marsico, Maria Teresa
  Marcha criança : língua portuguesa, 4º ano: ensino fundamental / Maria Teresa Marsico, Maria Elisabete Martins Antunes, Armando Coelho de Carvalho Neto. – 12. ed. – São Paulo: Scipione, 2015. – (Coleção marcha criança)
  Bibliografia.
  1. Português (Ensino fundamental) I. Antunes, Maria Elisabete Martins. II. Carvalho Neto, Armando Coelho de. III. Título. IV. Série.

15-02852   CDD–372.6

Índice para catálogo sistemático:
1. Português : Ensino fundamental 372.6

2018
ISBN 978 85262 9600 8 (AL)
ISBN 978 85262 9599 5 (PR)
Cód. da obra CL 738979
CAE 541 762 (AL) / 541 781 (PR)
12ª edição
7ª impressão

Impressão e acabamento
Corprint

Apresentação

Querido aluno, querida aluna,

Preparamos este livro com muito carinho especialmente para você. Ele está repleto de situações e atividades motivadoras, que certamente despertarão seu interesse e lhe proporcionarão muitas descobertas. Esperamos que com ele você encontre satisfação no constante desafio de aprender!

Ao final de cada Unidade apresentamos a seção **Ideias em ação**. Nela, você e seus colegas colocarão em prática alguns dos conhecimentos adquiridos no decorrer de seus estudos.

Além disso, como novidade, temos a seção **O tema é...**, trazendo para você temas para discutir, opinar e conhecer mais. De modo envolvente, essa seção preparará você e seus colegas para compreender melhor o mundo em que vivemos.

Crie, opine, participe, aprenda e colabore para fazer um mundo melhor. E lembre-se sempre de compartilhar seus conhecimentos com todos à sua volta.

Bons estudos e um forte abraço,

Maria Teresa, Maria Elisabete e Armando

Conheça seu livro

Veja a seguir como o seu livro está organizado.

Unidade

Seu livro está organizado em quatro Unidades. As aberturas são em páginas duplas. Em **Vamos conversar?** você e seus colegas discutem algumas questões e conversam sobre a imagem de abertura. Em **O que vou estudar?** você encontra um resumo do que vai aprender em cada Unidade.

Vocabulário

Para facilitar o entendimento, você encontra o significado de algumas palavras no final dos textos. Essas palavras aparecem destacadas no texto.

Por dentro do texto

Nesta seção você encontra atividades que exploram os textos lidos. Você também vai discutir suas ideias com os colegas e dar sua opinião sobre vários assuntos.

Aprendendo gramática

Por meio de textos e atividades variadas, você aprende a gramática de uma forma mais simples e natural.

Escrevendo certo

Nesta seção, você treina a ortografia.

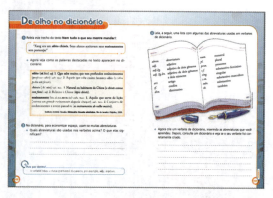

O tema é...

Seção que traz temas para você discutir, opinar e aprender mais!

De olho no dicionário

Nesta seção, você recebe dicas e sugestões de como usar o dicionário.

Ideias em ação

Esta seção encerra a Unidade. Nela, você faz a produção de um texto seguindo algumas etapas e usa o **Caderno de produção de texto**.

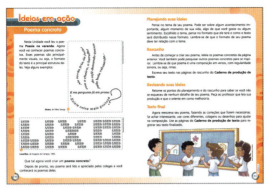

Sugestões para o aluno

Seleção de livros, CDs, *sites* e DVDs para complementar seus estudos e ampliar seus conhecimentos.

Materiais de apoio

Caderno de gramática e ortografia

Material no final do livro que ajuda você a complementar e revisar o estudo de gramática e ortografia.

Caderno de produção de texto

Material avulso no qual você faz suas produções de texto. As orientações de como usá-lo estão na seção **Ideias em ação**.

Caderno de verbos

Material no final do livro que reúne todo o conteúdo referente a verbos e auxilia sua consulta e seus estudos.

Livro de leitura

Material de leitura avulso que traz o conto **O Flautista de Hamelin** e a seção **Por dentro da história**, com atividades.

Página

No final do livro você encontra uma página especial ilustrada, que destaca alguns dos assuntos explorados no livro.

Quando você encontrar estes ícones, fique atento!

 atividade oral   atividade no caderno   atividade em grupo

 Este ícone indica objetos educacionais digitais (OEDs) relacionados aos conteúdos do livro. Acesse: <www.marchacrianca.com.br>.

Sumário

UNIDADE 1 — Em família 8

Texto 1: Diário de Biloca........................... 10
Aprendendo gramática: Letra maiúscula e letra minúscula; Letra e fonema.................. 14
Escrevendo certo: m ou **n**............................. 18

Texto 2: E aí, tio?....................................... 20
Aprendendo gramática: Encontro vocálico: ditongo, hiato, tritongo........................ 23
Escrevendo certo: f ou **v**; **b** ou **p**; **d** ou **t**........ 25

Texto 3: Controle remoto 30
Aprendendo gramática: Encontro consonantal; Dígrafo.............................. 34
Escrevendo certo: s, **ss**, **ce**, **ci**, **ç**..................... 41
O tema é... Sedentarismo × vida saudável.. 44

Texto 4: A melhor família do mundo 46
Aprendendo gramática: Sílaba/Número de sílabas................................. 51
Escrevendo certo: Consoante não acompanhada de vogal 54

Texto 5: Eternamente... mãe!..................... 56
Aprendendo gramática: Sílaba tônica; Acento agudo e acento circunflexo 60
Escrevendo certo: c, **g**, **gu**, **qu**...................... 64
De olho no dicionário................................. 66
Ideias em ação: História em quadrinhos........ 68

UNIDADE 2 — Lendo sobre animais 70

Texto 1: A rã Santa Aurora........................ 72
Aprendendo gramática: Acentuação gráfica: palavras monossílabas 80
Escrevendo certo: g, **j**.................................. 81
O tema é... Direitos dos animais.................. 82

Texto 2: Dicas para cuidar bem do seu gato 84
Aprendendo gramática: Sinais de pontuação; Tipos de frase 88
Escrevendo certo: r, **rr** 96

Texto 3: OED A vida íntima de Laura 98
Aprendendo gramática: Artigo definido e artigo indefinido... 102
Escrevendo certo: Sons do **x** 105

Texto 4: O galo que cantava para o sol nascer 108
Aprendendo gramática: Substantivo comum e substantivo próprio; Substantivo coletivo... 112
Escrevendo certo: az, **ez**, **iz**, **oz**, **uz**............ 119

Texto 5: O gato vaidoso 120
Aprendendo gramática: Substantivo simples e substantivo composto; Substantivo primitivo e substantivo derivado 123
Escrevendo certo: meio, meia 127
De olho no dicionário................................. 128
Ideias em ação: Texto informativo 130

UNIDADE 3 — Histórias de fazer pensar 132

Texto 1: Poesia na varanda 134
Aprendendo gramática: Número do substantivo: singular e plural; Gênero do substantivo: masculino e feminino................ 138
Escrevendo certo: s ou z entre vogais 143

Texto 2: O pescador e o gênio 146
Aprendendo gramática: Grau do substantivo: diminutivo e aumentativo............................ 151
Escrevendo certo: -inho, -zinho................. 154

Texto 3: Construtor de pontes 156
Aprendendo gramática: Adjetivo; Graus do adjetivo 160
Escrevendo certo: ns; l, u 166

Texto 4: OED A panela mágica 170
Aprendendo gramática: Pronome pessoal do caso reto 175
Escrevendo certo: lh, li 180
O tema é... Esperteza ou desonestidade?... 182

Texto 5: O menino do dedo verde............. 184
Aprendendo gramática: Pronome pessoal do caso oblíquo; Pronome de tratamento 192
Escrevendo certo: h 196

Texto 6: Nem tudo o que seu mestre mandar! 198
Aprendendo gramática: Numeral................ 202
Escrevendo certo: mas, mais 207
De olho no dicionário 208
Ideias em ação: Poema concreto................. 210

UNIDADE 4 — Por um mundo melhor 212

Texto 1: *Blog* da Julieta 214
Aprendendo gramática: Verbo e tempos verbais 217
Escrevendo certo: o, u, ou 222

Texto 2: OED O que é consumo consciente?... 224
Aprendendo gramática: Verbo no infinitivo – conjugações verbais; Verbo – primeira conjugação; Verbo – segunda conjugação; Verbo – terceira conjugação 230
Escrevendo certo: -am, -ão; há, a 237

Texto 3: A cidade ideal 240
Aprendendo gramática: Sujeito e predicado 245
Escrevendo certo: por que, porque, por quê, porquê.. 248

Texto 4: Sustentabilidade........................ 250
Aprendendo gramática: Advérbio............... 252
Escrevendo certo: mal, mau 255
O tema é... Preservar para não faltar 256

Texto 5: Trânsito e cidadania................... 258
Aprendendo gramática: Preposição 262
Escrevendo certo: pôr, por........................ 265

Texto 6: A natureza pede ajuda............... 266
Aprendendo gramática: Interjeição 269
Escrevendo certo: onde, aonde................. 271
De olho no dicionário 272
Ideias em ação: *Blog* 274
Sugestões para o aluno 276
Bibliografia... 280
Material de apoio....................................... 281

UNIDADE 1

Em família

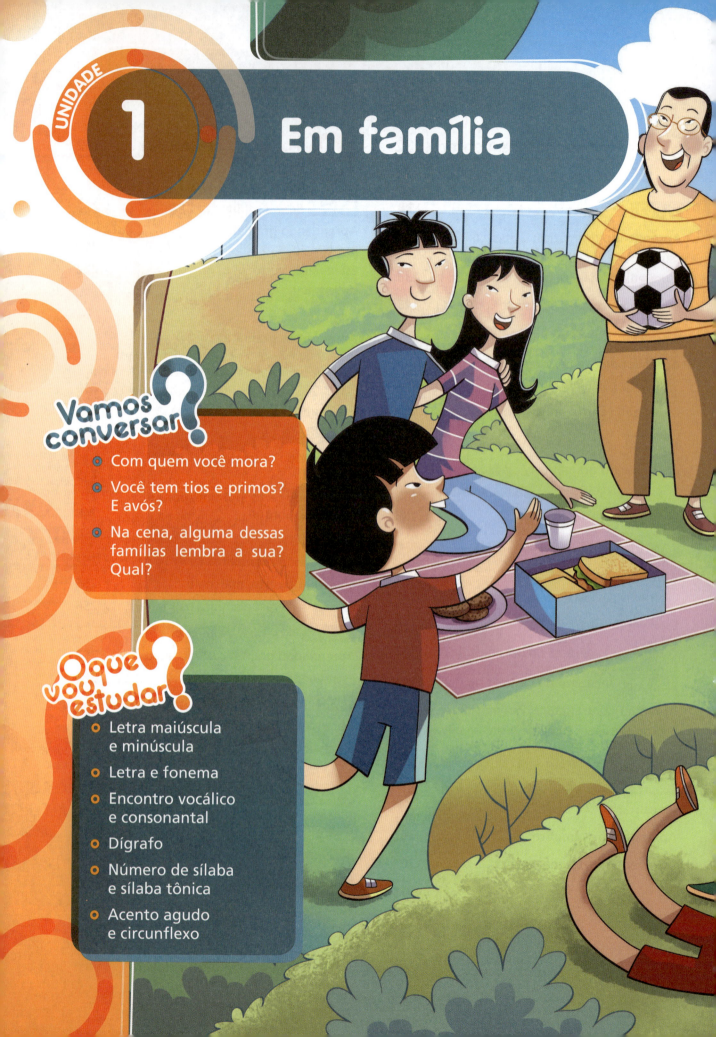

Vamos conversar?

- Com quem você mora?
- Você tem tios e primos? E avós?
- Na cena, alguma dessas famílias lembra a sua? Qual?

O que vou estudar?

- Letra maiúscula e minúscula
- Letra e fonema
- Encontro vocálico e consonantal
- Dígrafo
- Número de sílaba e sílaba tônica
- Acento agudo e circunflexo

Texto 1

Diário de Biloca

15 de fevereiro

Ganhei este diário hoje.

Mentirinha. Eu ganhei no ano passado, no dia da troca do presente de amigo-secreto. Fiquei superfeliz de ter sido amiga da Dri. Além do diário, ganhei uma pulseira lindérrima. Adorei o diário… mas só estou começando a escrever hoje porque vieram as férias… o início das aulas… Na verdade, não tinha começado ainda por pura preguiça — gostar de escrever eu até gosto. E prometo, de pés juntos e dedos cruzados, que a partir de hoje não falho mais um dia sequer… Só se…

Espero realmente que aconteçam boas coisas para contar. Se for como o ano passado, cruz-credo. Nem gosto de lembrar, mas como não consigo controlar a portinha da lembrança, acabo pensando tudo outra vez. A pior de todas foi mesmo a recuperação que eu peguei em Português. Por pouco, muito pouco, não termino o ano com uma preciosa bomba que certamente iria explodir na minha casa. Ufa, ainda bem que passou, e o que passou, passou. Como diz minha avó: "Águas passadas não movem ==moinhos==". Se movem ou não movem não quero saber, este ano eu não vou marcar bobeira. Recuperação nunquinha, nunquinha. Vou tirar tudo de letra. Sem… chega de falar de coisa chata. Acho que para começar um diário é preciso coisas alegres, senão dá azar.

Biloca

Ilustra Cartoon/Arquivo da editora

16 de fevereiro

As aulas começam amanhã. Série nova, vida nova. Tomara que eu não caia na classe da Marília.

22 de fevereiro

Nada de importante. Ou melhor: tudo é importante.

Como não cabe tudo aqui, nem tenho tanto tempo assim, escolho alguma coisa e vamos lá. Anteontem eu precisei de dinheiro para comprar um tênis novo. Fiz um bilhete, logo de manhã, antes de ir para a escola, e coloquei na geladeira, preso na porta pelo ímã, no mesmo lugar em que minha mãe anota suas coisas que não devem ser esquecidas.

Pai, preciso de grana para comprar um tênis. O meu tá na lona.
Bi

Na hora do almoço a resposta estava no mesmo lugar.

Bi, você não está exagerando? Comprei um tênis novo no mês passado... Aí vem outro aumento de gasolina! Não dá pra esperar pelo menos até dia 10 de março?
Pai

Espertinho, meu pai. Tem boa memória. Melhor do que a minha. Quem foi que disse que os mais velhos perdem a memória? E essa de aumento de gasolina? Se for problema de aumento de preço, estou perdida, nunca mais calçarei um par de tênis. Tem aumento todo dia, um atrás do outro, tantos! Só a minha mesada não aumenta com a inflação.

moinhos: engenhos para moer cereais, movidos por queda-d'água, vento, motor ou animais.

Diário de Biloca, de Edson Gabriel Garcia. São Paulo: Atual, 2013.

Por dentro do texto

1) Em que dia Biloca começou a escrever em seu diário?

....

2) A primeira frase que Biloca escreveu em seu diário foi "Ganhei este diário hoje". Copie o trecho do texto que nega essa informação.

....

3) Complete as informações abaixo. Elas se referem a Biloca.

a) Quando ganhou o diário: ....
....

b) De quem ganhou o diário: ....

c) Motivos por ter demorado a escrever no diário: ....
....

d) A pior lembrança do ano passado: ....
....

4) Releia o trecho a seguir.

> "Recuperação nunquinha, nunquinha. Vou tirar tudo de letra."

○ Na sua opinião, o que Biloca deve fazer para conseguir isso?

5) Em que dia começaram as aulas de Biloca? Como você descobriu isso?

....

....

6 Em qual data Biloca escreveu sobre a necessidade de comprar tênis novos?

....

- A que data o trecho abaixo se refere?

> "Anteontem eu precisei de dinheiro para comprar um tênis novo."

....

7 A maneira como Biloca escreveu o bilhete a seu pai é a mesma de quando escreve no diário? Por quê?

....

....

....

8 Releia os trechos e escreva no caderno o significado das palavras destacadas.

a) "Fiquei **superfeliz** de ter sido amiga da Dri."

b) "Além do diário, ganhei uma pulseira **lindérrima**."

c) "Se for como o ano passado, **cruz-credo**."

9 Você sabe o significado da palavra **inflação**? Leia o verbete no quadro e, com base nele, explique o trecho abaixo.

> **inflação**: aumento geral de preços, com consequente perda do poder aquisitivo do dinheiro.

> "Tem aumento todo dia, um atrás do outro, tantos! Só a minha mesada não aumenta com a inflação."

....

....

Aprendendo gramática

● **Letra maiúscula e letra minúscula**

VAMOS RECORDAR AS **LETRAS MAIÚSCULAS** E AS **LETRAS MINÚSCULAS**? COMPLETE O QUADRO COM AS LETRAS DO ALFABETO.

Letras maiúsculas	Letras minúsculas

1) Observe as frases e explique o uso das letras maiúsculas em algumas palavras.

a) "Tomara que eu não caia na classe da Marília."

....

b) Gostei de ler o texto **Diário de Biloca**, de Edson Gabriel Garcia.

....

c) O livro **Diário de Biloca** foi escrito para crianças.

....

2) Pesquise na cidade em que você mora e escreva o nome de:

a) uma rua movimentada: ....

b) um cinema: ....

c) um supermercado: ....

d) uma sorveteria: ....

e) uma loja de roupas: ....

3 Leia o texto abaixo e observe as palavras destacadas.

> **Alexandre** sabe que a língua portuguesa que nós falamos veio de um país chamado **Portugal**. **Ele** também sabe que isso aconteceu há muito tempo com a chegada dos portugueses, em 1500, ao território que hoje é o **Brasil**.

o Explique por que estas palavras foram escritas com inicial maiúscula:

Alexandre: _____

Portugal: _____

Ele: _____

Brasil: _____

4 Complete o texto com as palavras do quadro.

A   a   professora   Professora

A _____ de Heloísa mostrou o planisfério para _____ classe.

Todos queriam ver o planisfério de perto. _____ classe inteira olhou curiosa.

— _____, posso ser a primeira a localizar o Brasil no mundo? — perguntou Heloísa.

Letra e fonema

Podemos nos comunicar de diversas formas, entre elas a fala e a escrita. Observe:

> Quando escrevemos, usamos **letras**, que são sinais gráficos que representam os sons da fala. Cada som que forma as palavras chama-se **fonema**.

1 Escreva a primeira letra do nome das seguintes figuras:

> Como você pôde observar, com a troca de apenas uma letra formam-se novas palavras.

2 Troque a primeira letra das palavras abaixo pelas letras indicadas e forme novas palavras.

rua   **m**ala   **p**ia

a) l: _____   e) b: _____   i) t: _____

b) s: _____   f) s: _____   j) r: _____

c) n: _____   g) f: _____   k) m: _____

d) t: _____   h) r: _____   l) l: _____

Texto 1 – Diário de Biloca

Fique por dentro!

A letra é a representação dos fonemas na escrita. Geralmente, cada letra corresponde a um fonema. Veja:

boneca b – o – n – e – c – a
6 letras 6 fonemas

3 Escreva o nome das figuras abaixo. Depois escreva o número de letras e de fonemas de cada uma.

a)   letras fonemas

b)  .... ◯ letras ◯ fonemas

4 Escreva o nome dos seguintes animais:

 ....  ....

 a) Agora leia em voz alta o nome desses animais, prestando atenção ao som da letra **g**.

b) Escreva duas palavras em que o **g** tem o mesmo som que em **girafa**.

....

Como você viu, algumas vezes a mesma letra pode representar fonemas diferentes.

5 Assinale a alternativa em que todas as palavras iniciam por uma letra que não corresponde a nenhum fonema, ou seja, a nenhum som.

◯ casa, cidade, chocolate   ◯ abelha, ilha, habitante
◯ hoje, hora, história   ◯ cocada, hélice, guitarra

17

Unidade 1

Escrevendo certo

● **m ou n**

1 Leia o texto a seguir e complete as palavras destacadas com **m** ou **n**.

> ### Pedra, papel e tesoura
>
> — Eu preciso do **co......putador**, Luís — disse Rose.
>
> — Eu estou **usa......do** agora; você **se......pre** o usa por um **te......pão** — retrucou Luís sem se mover da cadeira.
>
> — Mas eu preciso muito, e você está só **bri......ca......do**! — **argume......tou** Rose, **leva......ta......do** o **to......** da voz.
>
> — Muito bem, vamos decidir **que......** usará o computador com um jogo de pedra, papel e tesoura. Você **co......corda**?
>
> **Passatempos eletrônicos**, de Mercè Seix e Meritxell Noguera. São Paulo: Ciranda Cultural, 2013.

a) Reescreva as palavras que você completou.

_____

_____

b) Você teve dificuldade de completar alguma palavra? Qual?

_____

c) O que você fez quando teve dificuldade em alguma palavra?

_____

_____

Texto 1 – Diário de Biloca

2 Agora observe as palavras a seguir e distribua-as no lugar correto.

juntos	encontraram	levantando	competir
tom	brincando	sempre	montando
usando	tempão	sendo	brincadeira
computador	construída	estavam	
tentou	podiam	concorda	

m antes de **b** e **p**

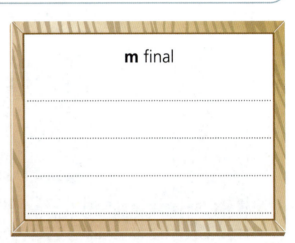

m final

n antes de outras consoantes

3 Complete as informações observando os quadros acima.

Usamos a consoante .... antes de **b** e **p** e, quase sempre, no final de palavra.

Antes de outras consoantes, usamos ....

4 Assinale a alternativa em que todas as palavras estão escritas corretamente.

◯ tenporal, bombeiro, bambolê, canpo

◯ temporal, bonbeiro, banbolê, campo

◯ temporal, bombeiro, bambolê, campo

Texto 2 — E aí, tio?

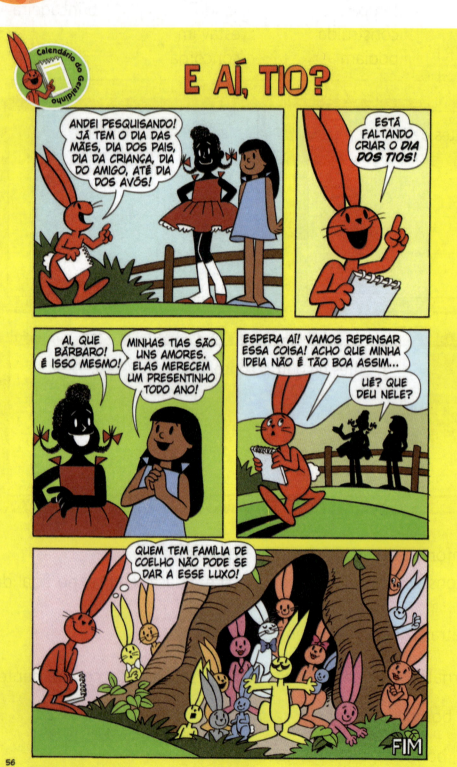

A Turma do Pererê: 365 dias na mata do Fundão, de Ziraldo. São Paulo: Globo, 2012.

Por dentro do texto

1 Você já conhecia esses personagens? Qual é o nome do coelho que dá a ideia de criar o **Dia dos Tios**?

....

....

2 Por que, quando o coelho comenta sobre criar o **Dia dos Tios**, as duas meninas falam sobre a compra de presentes?

....

....

....

3 Observe o último quadrinho:

a) Quem são esses coelhos? Converse com os colegas sobre como você chegou a essa conclusão.

b) Quando o coelho diz "família de coelho", ele se refere a uma família:

◯ engraçada.   ◯ numerosa.   ◯ feliz.

4 Observe os balões de fala da história em quadrinhos. Qual é a diferença entre os balões dos quatro primeiros quadrinhos e o do último quadrinho? Por que há essa diferença? Converse com os colegas.

5 Leia novamente o último quadrinho. O que significa a expressão "não pode se dar a esse luxo"? Converse com os colegas, pesquisem em dicionários e registrem a conclusão a que chegaram.

_____
_____
_____
_____
_____

- Agora escreva uma frase utilizando essa expressão.

_____
_____

6 Leia as informações sobre Ziraldo e depois responda às questões.

> **Ziraldo Alves Pinto**, autor da história em quadrinhos que você leu, nasceu no dia 24 de outubro de 1932, na cidade de Caratinga. Começou sua carreira nos anos 1950.
>
> Ganhou fama em 1960 ao lançar a primeira revista em quadrinhos brasileira feita por um só autor: **A Turma do Pererê**.
>
> Em 1980 lançou **O Menino Maluquinho**, um dos maiores fenômenos editoriais do Brasil de todos os tempos.

Luis N. Oliveira/Futura Press

a) Em que estado nasceu o autor de **A Turma do Pererê**? Faça uma pesquisa para descobrir em que estado está localizada a cidade de Caratinga.

_____

b) Que livro foi um dos maiores sucessos editoriais do Brasil? Você conhece esse livro? Já o leu?

_____

Aprendendo gramática

● Encontro vocálico: ditongo, hiato, tritongo

Releia este trecho da história em quadrinhos e circule o encontro de vogais nas palavras destacadas.

> "Espera **aí**! Vamos repensar essa **coisa**! Acho que minha **ideia** n**ão** é t**ão** b**oa** assim..."

O encontro de vogais na mesma palavra é chamado de **encontro vocálico**.

1 Leia as palavras e circule as que possuem encontro vocálico.

dinossauro	saúva	leoa	marreco	urso
jaguatirica	canguru	macaco	papagaio	boi
jumento	coelho	gata	cachorro	quati

Agora observe a separação silábica das palavras abaixo e veja como são classificados os encontros vocálicos.

companh**ei**ro — As duas vogais permanecem juntas.
com-pa-nh**ei**-ro — Chamamos esse encontro de **ditongo**.

Urug**uai** — As três vogais permanecem juntas.
U-ru-g**uai** — Chamamos esse encontro de **tritongo**.

sand**uí**che — O encontro vocálico se separou.
san-d**u**-**í**-che — Chamamos esse encontro de **hiato**.

2 Leia a frase a seguir e depois complete corretamente as informações.

> A criançada ficou feliz com o sinal da saída.

a) Nas palavras _____, _____ e _____ aparecem duas vogais seguidas formando um _____ vocálico.

b) Nas palavras _____ e _____ as vogais ficam em sílabas diferentes. Esse encontro vocálico chama-se _____.

c) Na palavra _____ há o encontro de duas vogais na mesma sílaba. Esse encontro chama-se _____.

3 Circule os encontros vocálicos das palavras abaixo e separe as sílabas.

a) cidadão: _____

b) enxaguei: _____

c) sanduíche: _____

d) animais: _____

e) moeda: _____

f) higiene: _____

g) saguão: _____

h) Paraguai: _____

i) eleições: _____

j) autor: _____

k) toalha: _____

l) iguais: _____

m) aguei: _____

n) violeta: _____

o Agora organize essas palavras no quadro.

Ditongos	Hiatos	Tritongos

Texto 2 – E aí, tio?

Escrevendo certo

● f ou v

1) Leia a frase e compare as palavras destacadas.

> Meu tio sempre **fala** para eu tomar cuidado ao andar perto daquela **vala**.

a) Quantas letras tem cada palavra destacada?

....

b) Qual é a diferença entre essas duas palavras?

....

2) Complete as frases com as palavras indicadas.

a) (fazia – vazia)

A sala de aula estava ...., por isso não sei o que você .... lá.

b) (Vera – fera)

Eu tenho uma irmã chamada .... Ela fica uma .... quando trocam seu nome!

c) (fila – vila)

Na .... em que eu moro, a .... para pegar ônibus é enorme.

3) Releia o texto **E aí, tio?**, retire dele duas palavras escritas com **v** e duas com **f** e copie-as na linha correspondente.

a) palavras com **v**: ....

b) palavras com **f**: ....

4) Complete as palavras com **v** ou **f**.

a) Estou sem ....oz de tanto gritar na ....oz do rio.

b) Assim não ....ale! Por favor, não ....ale mais comigo.

c) Edu esperou sua ....ez e ....ez o exame.

b ou p

1 Leia o texto abaixo.

> A professora perguntou a Diego:
> — Por que você está tão **emburrado**?
> O menino respondeu:
> — Porque eu fui **empurrado**!

a) Compare as palavras destacadas. O que as diferencia?

....

b) Explique o significado, no texto, das palavras destacadas.

emburrado: ....

empurrado: ....

2 Complete as frases com as palavras **bomba** ou **pomba**.

a) A .... deu um voo rasante.

b) Você já comeu .... de chocolate?

3 Complete as frases com uma das palavras indicadas.

a) (bicada – picada)

Joana tomou injeção e nem chorou com a .... da agulha!

b) (pingo – bingo)

Caiu um .... de água no desenho de Isabel.

c) (pote – bote)

Fizemos um passeio de .... pelo lago.

4 Encontre no diagrama as palavras do quadro abaixo.

bata   belo   bula   baba   bossa   bote

A	K	L	F	E	B	D	I	G	X
U	B	G	B	O	T	E	D	U	B
S	U	Z	A	H	R	Q	S	T	E
T	L	W	B	O	S	S	A	C	L
B	A	T	A	X	V	I	T	V	O
S	M	Q	E	H	N	X	P	R	J
X	K	J	F	S	B	E	C	G	V

○ Agora escreva as palavras do quadro substituindo todas as letras **b** por **p**.

_____   _____

_____   _____

_____   _____

5 Complete as palavras com **b** ou **p**.

a) Entre, mas não _____ata a porta.

b) O gato feriu a _____ata ao pular do telhado.

c) Os _____ois _____astaram o dia inteiro.

d) Como é _____elo o _____elo desse cachorro!

e) Dentro do _____ote tinha um _____ote com água.

d ou t

1 Leia o poema e circule as palavras com **d** ou **t**.

Que rata!

Uma bruxa varredeira
foi varrer certo castelo,
todo verde e amarelo.

Encontrou um camundongo
bem redondo, que chorava.

— O que foi que aconteceu,
me diga, que eu não sei?

— Dona Bruxa, eu já fui rei,
mas beijei minha rainha
e camundongo virei...
E a rainha, coitada,
parece enfeitiçada,
virou gorducha ratinha!

— Faça assim, meu camundongo,
pra desfazer o barato
de ser realeza rato:
sapeca um beijo longo
na ponta do meu nariz.
Novo rei serás de fato,
pra sempre serás feliz!

Camundongo, encabulado,
deu um beijo prolongado
na bruxa, tão nariguda,
bem na ponta da verruga.

A bruxa virou rainha
camundongo virou rei,
ratinha virou vassoura
muito loura e avoada,
voou pra longe, correndo,
e fez queixa pr'uma fada
que queria uma vassoura
pra varrer sua morada.

A poesia é uma pulga, de Sylvia Orthof.
São Paulo: Atual, 2011.

○ Agora distribua no quadro abaixo as palavras que você circulou.

Palavras com **d**	
Palavras com **t**	
Palavras com **d** e **t**	

2 Complete a cruzadinha com as palavras destacadas nos provérbios abaixo.

A) **Dinheiro** compra pão, mas não compra **gratidão**.

B) De livro **fechado** não sai **letrado**.

C) Tristezas não pagam **dívidas**.

D) A **felicidade** é algo que se **multiplica** quando se **divide**.

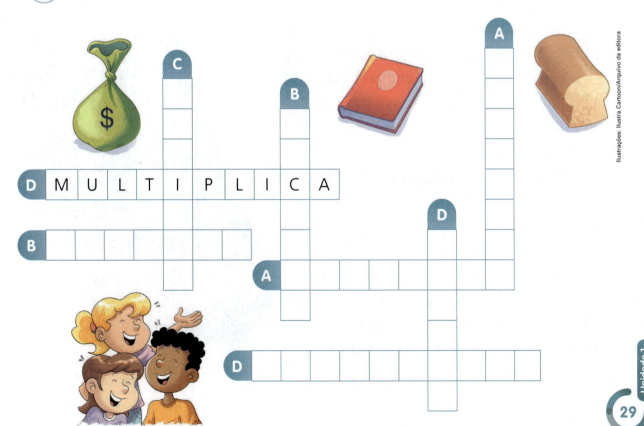

Texto 3 — Controle remoto

Esta é a história de uma família que teve um bebê e ganhou, junto, um controle remoto. Com esse controle, a família controlava a criança. Apertavam, por exemplo, a tecla **SAP** para entender o que o menino pedia, apertavam **play** para que ele brincasse e **stop** para que ele parasse tudo o que estivesse fazendo.

[...]

Nos primeiros meses, o casal, os tios, os avós e os padrinhos cuidaram da criança sem dar atenção para o tal aparelho, que ficou esquecido na cesta. Tudo era só festa!

Depois de muito choro, pouco sono, sustos e fraldas cada vez mais recheadas de *xixicocô*, a festa já não era a mesma. Os adultos resolveram que era hora de testar o controle remoto e tornar a vida mais fácil.

[...]

De vez em quando apertavam a tecla PLAY e o menino entendia o comando como PODE BRINCAR. Surgia um sorriso meia-lua gigante em seu rosto enquanto chutava a bola na parede ou bagunçava sua coleção de carrinhos.

[...]

O menino foi crescendo e obedecendo aos comandos do incrível controle remoto. [...]

Um dia aconteceu uma coisa inesperada: o menino brincava na rua com outras crianças, quando a mulher, da janela da sala, apertou a tecla STOP e ele não parou de brincar... [...] Impaciente, a mulher saiu de casa, apertou o REPEAT e gritou:

Ilustra Cartoon/Arquivo da editora

— Acabou a brincadeira! Menino, venha já para casa tomar banho, fazer a tarefa, jantar e dormir!

O menino, como se não entendesse os gritos, continuou a brincar.

[...]

Correram até uma loja que ficava ali perto. O técnico examinou atentamente o menino, o homem, a mulher e o controle remoto. Logo veio o **diagnóstico**:

— CONTROLERREMOTITE AGUDA. Vocês abusaram no uso do aparelho. Nesses casos, a única solução é jogar o CONTROLE fora, começar a ouvir as vontades do menino e conversar com ele. [...] Esse tipo de aparelho só serve para adultos que esqueceram como funcionam as crianças, e só em casos graves!

Não foi uma decisão fácil, mas o casal jogou o CONTROLE REMOTO no lixo. [...] O tempo passou. O homem e a mulher foram se transformando em PAI e MÃE e o menino foi aprendendo a ser FILHO. Passaram a ser, de fato, uma FAMÍLIA.

[...]

Controle remoto, de Tino Freitas. Rio de Janeiro: Manati, 2009.

diagnóstico: na Medicina, a definição da doença que o paciente tem.

Por dentro do texto

1 Por que os adultos decidiram usar o controle remoto?

....

....

2 Pinte a figura que mostra o que acontecia quando apertavam o botão **play** do controle remoto.

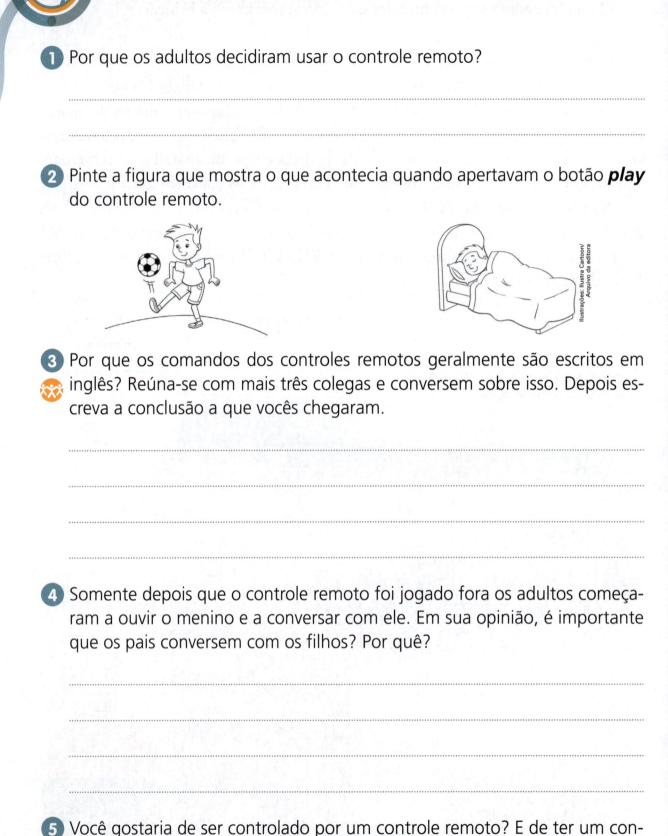

3 Por que os comandos dos controles remotos geralmente são escritos em inglês? Reúna-se com mais três colegas e conversem sobre isso. Depois escreva a conclusão a que vocês chegaram.

....

....

....

....

4 Somente depois que o controle remoto foi jogado fora os adultos começaram a ouvir o menino e a conversar com ele. Em sua opinião, é importante que os pais conversem com os filhos? Por quê?

....

....

....

5 Você gostaria de ser controlado por um controle remoto? E de ter um controle remoto para controlar outras pessoas? Converse com os colegas.

6 O diagnóstico do técnico para o problema da família foi: "controlerremotite aguda". Essa expressão foi usada para indicar o nome de um problema técnico ou de uma doença? Explique sua resposta.

....

....

....

7 Quando a história começa, o menino é um bebê. Sublinhe no texto todas as expressões que indicam a passagem do tempo.

8 Quando o menino podia brincar, "Surgia um sorriso meia-lua gigante em seu rosto". Desenhe abaixo como você imagina que seja esse sorriso.

9 Você gosta de brincar? Escreva quais são suas brincadeiras prediletas. Depois conte para um colega.

....

....

....

....

Aprendendo gramática

● Encontro consonantal

Releia este trecho do texto e observe as letras destacadas nas palavras.

> "Nos **pr**imeiros meses, o casal, os tios, os avós e os pa**dr**inhos cuidaram da **cr**iança sem dar atenção para o tal aparelho, que ficou e**sq**uecido na ce**st**a. Tudo era só fe**st**a!
>
> Depois de muito choro, pouco sono, su**st**os e **fr**ald**as** cada vez mais recheadas de *xixicocô*, a fe**st**a já não era a me**sm**a. Os adu**lt**os reso**lv**eram que era hora de te**st**ar o co**nt**role remoto e to**rn**ar a vida mais fácil."

O encontro de duas ou mais consoantes em uma palavra é chamado de **encontro consonantal**.

O encontro consonantal pode ocorrer:

Na mesma sílaba		Em sílabas separadas	
primeiros	→	**pr**i-mei-ros	ce**st**a	→	ce**s**-**t**a
pa**dr**inhos	→	pa-**dr**i-nhos	adu**lt**os	→	a-du**l**-**t**os
criança	→	**cr**i-an-ça	me**sm**a	→	me**s**-**m**a
co**nt**role	→	con-**tr**o-le	reso**lv**eram	→	re-so**l**-**v**e-ram

Quando indicarem nasalização da vogal anterior, as consoantes **m** e **n** não formarão encontro consonantal. A vogal se torna nasal porque parte do ar sai pelo nariz quando é pronunciada. Exemplos: at**en**ção, cri**an**ça. Chamamos o encontro de duas letras que representam um único som de **dígrafo**.

Texto 3 – Controle remoto

1 Leia o texto abaixo, separe as sílabas das palavras destacadas e circule os encontros consonantais delas.

O computador na escola

Para estudar

O computador é uma ferramenta de comunicação, de lazer e também de **trabalho**. Além de agilizar uma **pesquisa escolar**, por meio da **internet**, você pode redigir um trabalho (se os seus **professores** o aceitarem digitado no computador), ou utilizá-lo para **projetar sobre** tela imagens e **textos** referentes a um trabalho **apresentado** em **classe**.

Meu computador, a internet... e eu!, de Jérôme Colombain. Tradução de Adriana de Oliveira. São Paulo: Escala Educacional, 2008.

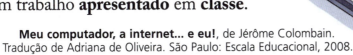

....

....

2 Acrescente nas palavras seguintes as letras indicadas e forme outras palavras. Veja os exemplos.

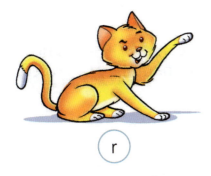

(r)

(l)

a) pata: *prata*

b) gato: ....

c) faca: ....

d) fio: ....

e) feio: ....

f) caro: *claro*

g) caridade: ....

h) for: ....

i) puma: ....

j) pano: ....

3 Separe as sílabas das palavras abaixo.

a) concerto: _____

b) mosquito: _____

c) carnaval: _____

d) garça: _____

e) perto: _____

f) quarto: _____

o O encontro consonantal ficou na mesma sílaba? _____

4 Mude o **r** de lugar e forme novas palavras. Depois separe as sílabas das palavras que você escreveu. Veja o exemplo.

a) garça: _____ graça _____   _____ gra-ça _____

b) perto: _____   _____

c) quarto: _____   _____

d) parto: _____   _____

o O encontro consonantal ficou na mesma sílaba? _____

5 Preencha o quadro.

Palavra	Separação silábica	Encontro consonantal	Encontro vocálico
brasileiro			
livraria			
cresceu			

o Complete as frases a seguir utilizando as palavras do quadro.

a) A nova _____ foi inaugurada ontem.

b) Uma bela árvore _____ na área desmatada.

c) Quem nasce no Brasil é _____.

Texto 3 – Controle remoto

Dígrafo

Leia a frase abaixo e observe as palavras destacadas.

O computador é uma **ferramenta** de comunicação, de lazer e também de **trabalho**.

Ilustra Cartoon/Arquivo da editora

Na palavra **ferramenta** temos os dígrafos **rr** e **en**; na palavra **trabalho** temos o dígrafo **lh**.

O encontro de duas letras que representam um único som é chamado de **dígrafo**.

Veja alguns dígrafos:

ch (chuva)	**rr** (carro)	**qu** (quiabo)	**sc** (nascer)
lh (ilha)	**ss** (assado)	**gu** (águia)	**sç** (cresça)
nh (ninho)			**xc** (exceção)

Observe agora dígrafos que representam vogais nasais:

am (amparar)	**em** (lembrar)	**im** (limpo)	**om** (som)	**um** (algum)
an (antes)	**en** (encontro)	**in** (lindo)	**on** (onda)	**un** (fundo)

Fique por dentro!

gu e **qu** só formam dígrafos quando a letra **u** não é pronunciada. Exemplos: **gu**eixa, **gu**itarra, **qu**erubim, **qu**itanda.

1 Assinale as palavras em que os grupos **gu** e **qu** formam dígrafos.

◯ quero ◯ água ◯ tranquilo ◯ frequente

◯ guerra ◯ linguiça ◯ quis ◯ foguete

◯ quarto ◯ quilo ◯ querido ◯ mosquito

Unidade 1

37

2) Distribua as palavras abaixo nos três grupos indicados.

queijo	ortografia	amanhã	churrasco	estranho
problemas	arroz	pneu	grelhado	atmosfera
português	descer	técnico	fluorescente	demissão

Encontro consonantal

Dígrafo

Encontro consonantal e dígrafo

3) Releia o texto **Controle remoto** e copie, no caderno, todas as palavras com dígrafo que você encontrar nele.

4 Leia as palavras do quadro e escreva-as na coluna indicada.

| quarto | esquecer | quando | conseguiu | tranquilidade |
| quiser | queridos | guardado | amiguinho | igualdade |

gu e **qu** são dígrafos	**gu** e **qu** não são dígrafos

Fique por dentro!

Os dígrafos **ch**, **lh**, **nh**, **gu** e **qu** não se separam.

cho-veu   ga-**lh**o   ba-**nh**o   pa-**gu**e   fi-**qu**e

Os dígrafos **rr**, **ss**, **sc**, **sç** e **xc** ficam sempre em sílabas separadas.

gue**r**-**r**a   o**s**-**s**o   cre**s**-**c**e   na**s**-**ç**a   e**x**-**c**e-to

5 Separe as sílabas das palavras abaixo.

a) abelha: ....

b) cachorro: ....

c) ninho: ....

d) excelente: ....

e) quero: ....

f) missa: ....

g) piscina: ....

h) guirlanda: ....

> **Fique por dentro!**
>
> **sc** só é dígrafo quando representa um único som. Isso acontece quando ele é seguido das vogais **e** e **i**. Veja:
>
> de**sc**ender   pi**sc**ina   a**sc**endente   cre**sc**imento

6 Assinale as palavras em que o **sc** não é dígrafo.

- ○ escada
- ○ rosca
- ○ escuro
- ○ escola
- ○ crescido
- ○ nascimento
- ○ descida
- ○ escova
- ○ desceu
- ○ escuna
- ○ fascinar
- ○ mascar

○ Escolha duas das palavras que você **não** assinalou e escreva frases com elas.

_____
_____
_____
_____

7 Complete as frases com as palavras que o professor vai ditar.

a) O terremoto causou um grande tremor na superfície _____.

b) Os alunos foram à biblioteca fazer uma _____ sobre consumo _____.

c) Ana pintou as _____ com esmalte _____.

d) Helena leu a história de seus _____.

e) Havia na festa junina _____ e _____.

Texto 3 – Controle remoto

Escrevendo certo

● **s, ss**

1 Leia o poema.

Boi Cavaco e Vaca Valsa

Era uma vez um boi,
um boi que um dia se foi
ao encontro de uma vaca.

O boi era o Boi Cavaco,
trapalhão, porém valente,
que assustava muita gente!

Vaca Valsa, por sua vez,
gostava era de sossego,
de agrado e de chamego.

Com seu olhar meigo e manso,
de brilho intenso e profundo,
conquistava todo mundo. […]

Boi Cavaco e Vaca Valsa, de Cristina Porto. São Paulo: FTD, 2000.

a) Circule de verde as palavras escritas com **s** e de azul as escritas com **ss**. Depois escreva-as no lugar correspondente.

Palavras com **s**: ....

....

Palavras com **ss**: ....

b) Leia em voz alta as palavras que você escreveu. O que você observou?

....

....

2 Escreva no caderno as frases que o professor vai ditar.

ce, ci, ç

1 Leia os quadrinhos abaixo.

Revista **Riquinho**, Rio de Janeiro, Ediouro, n. 9, abr. 2013.

a) Copie dos quadrinhos as palavras que têm **c** ou **ç**.

....

b) As letras **c** ou **ç** representam o mesmo som nas palavras que você copiou?

2 Leia as frases e complete as palavras com **c** ou **ç**.

a) Era uma vez um prín........ipe encantado...

b) Vo........ê achou fá........il a li........ão de hoje?

c) Ado........ei meu café com a........úcar; ....ibele ado........ou o dela com ado........ante.

3 Leia as palavras do quadro e depois responda à questão.

| açude | poço | maçaneta | açougue | preguiça | açúcar |

○ Após o **ç** sempre aparecem as mesmas vogais. Quais são elas?

....

Usamos **ç** antes das vogais **a**, **o** e **u**.

4) Complete as frases com as palavras do quadro.

| trança | tranca | louça | louca | faça | faca |

a) Você viu no que deu brincar com _____?

   Não _____ mais isso!

b) Heitor quebrou a _____ que sua irmã ganhou.

   Ela ficará _____ quando descobrir!

c) Por favor, deixe eu terminar a _____ no seu cabelo. Depois você _____ a porta, está bem?

5) Complete os provérbios com as palavras do quadro.

| aparências | nasce | perfeição | caça | coração |
| força | negócio | caçador | esperança | |

a) A pressa é inimiga da _____.

b) A _____ é a última que morre.

c) As _____ enganam.

d) Um dia é da _____, outro do _____.

e) A união faz a _____.

f) Quem vê cara não vê _____.

g) O segredo é a alma do _____.

h) O Sol _____ para todos.

O tema é...

Sedentarismo × vida saudável

> Estudos apontam que o mundo está vivendo uma "epidemia" de falta de movimento e que as crianças brasileiras são as mais inativas da América Latina.

- Por que você acha que muitas crianças preferem atividades menos ativas?
- Qual é a sua brincadeira preferida?

A Organização Mundial da Saúde (OMS) recomenda que as crianças não passem mais de duas horas assistindo à TV ou jogando em *tablets* ou outros eletrônicos. O uso exagerado desses aparelhos é apontado como um dos causadores do sobrepeso e da obesidade em crianças.

- Quantas horas por dia você gasta em atividades que envolvem aparelhos eletrônicos?
- Por que essas atividades contribuem para a obesidade?

> Alguns médicos e educadores afirmam que crianças de até 12 anos devem evitar o uso de aparelhos eletrônicos (celulares, jogos eletrônicos e *tablets*), pois eles colocariam em risco o desenvolvimento escolar.

- Você concorda com esta afirmação?

OS BENEFÍCIOS COMBINADOS DA ATIVIDADE FÍSICA AO LONGO DA VIDA

- CRIANÇAS FISICAMENTE ATIVAS
- PAIS ATIVOS ASSOCIADOS A FILHOS ATIVOS
- 1/10 DE CHANCES DE SEREM OBESAS. MENOR GANHO DE IMC
- RESULTADOS 40% MAIORES EM TESTES DE APTIDÃO
- MENOS FUMO, USO DE DROGAS, GRAVIDEZ E SEXO DE RISCO
- 15% MAIS CHANCE DE IR PARA A FACULDADE
- ECONOMIA DE R$ 2741 POR ANO COM GASTOS DE SAÚDE
- FILHOS DE MÃES ATIVAS TÊM 2X MAIS CHANCES DE SEREM ATIVOS
- RISCO REDUZIDO DE DOENÇAS DO CORAÇÃO, DERRAME, CÂNCER E DIABETES
- PODEM VIVER 5 ANOS A MAIS

PRIMEIRA INFÂNCIA — ADOLESCÊNCIA — IDADE ADULTA

Desenhados para o movimento. Elaborado com base em: <www.designedtomove.org/pt_br/>. Acesso em: 11 mar. 2015.

- Você participa das aulas de Educação Física? Do que mais gosta nelas? E do que menos gosta?

Prática de atividade física na infância melhora aprendizado

As crianças que praticam atividades físicas, na hora do recreio, nas aulas de Educação Física ou no caminho para casa, apresentam um melhor rendimento na escola. [...]
Uma hipótese para explicar o benefício da prática de atividade física no rendimento escolar é que as crianças e adolescentes se comportam melhor, se concentram mais na hora dos exercícios, ou a atividade física melhora o fluxo de sangue para o cérebro e aumenta a disposição.

O Globo. 4 jan. 2012. Disponível em: <http://oglobo.globo.com/sociedade/saude/pratica-de-atividade-fisica-na-infancia-melhora-aprendizado-3564573#ixzz3HkMammHl>. Acesso em: 11 mar. 2015.

- Você costuma fazer alguma atividade física fora da escola?
- Converse com seus colegas e responda: o que podemos fazer para ser mais ativos?

45

Texto 4 — A melhor família do mundo

Este texto faz parte de um livro que conta a história de Carlota, uma menina que mora em um orfanato e acaba de ser adotada. Ao saber da notícia, ela passa a noite toda pensando em como seria sua nova família.

[...]
Nessa noite, Carlota não conseguiu dormir de tão nervosa e ficou pensando em como seria a família perfeita. Imaginou que seria adotada por... uma família de doceiros!

Se fosse adotada por uma família de doceiros, moraria numa confeitaria. Poderia passar o dia entre bolos, doces, pudins e bombons, escrever mensagens com açúcar em cima dos bolos e lamber o merengue dos doces de cobertura [...] Sem dúvida, uma família de doceiros seria a melhor família do mundo!

Porém, pensando melhor [...] Imaginou que seria adotada por... uma família de piratas!

Se fosse adotada por uma família de piratas, moraria em um navio pirata. Poderia navegar pelos sete mares, desenhar bandeiras com caveiras e ossos e procurar tesouros cheios de moeda de ouro. [...] Sem dúvida, uma família de piratas seria a melhor família do mundo!

Ilustra Cartoon/Arquivo da editora

Porém, pensando melhor [...] Imaginou que seria adotada por... uma família de domadores de tigres!

Se fosse adotada por uma família de domadores, moraria em um circo. Poderia passar o dia brincando com os tigres, enrolar o bigode dos filhotes e contar as listras de sua pelugem. [...] Sem dúvida, uma família de domadores seria a melhor família do mundo!

Porém, pensando melhor [...] Imaginou que seria adotada por... uma família de astronautas!

Se fosse adotada por uma família de astronautas, moraria em uma nave espacial. Poderia visitar os planetas, beber *milk-shake* na Via Láctea e dançar hula-hula com o anel de Saturno. [...] Sem dúvida, uma família de astronautas seria a melhor família do mundo!

Porém, pensando melhor... Surpresa, Carlota olhou para a janela e se deu conta de que já tinha amanhecido [...]

Leonor, a nova mãe de Carlota, é funcionária do correio. Não é doceira, mas todas as tardes [...] compra pra Carlota um enorme *palmier* de chocolate para o lanche.

Roberto, o novo pai de Carlota, trabalha como corretor de seguros. Não é pirata, mas adora brincar com Carlota de procurar tesouros escondidos no terreno baldio do bairro.

Elvira, a nova avó de Carlota, é aposentada. Não é domadora de tigres, mas tem dois gatos [...].

Pedro, o novo irmão de Carlota, estuda na mesma escola que ela. Não é astronauta, mas colou no teto do seu quarto estrelas que brilham no escuro [...].

E assim, [...] Carlota Perez finalmente pôde dormir e não precisou ficar imaginando mais. Tinha conseguido a melhor família do mundo.

Ilustra Cartoon/Arquivo da editora

A melhor família do mundo, de Susana López. Curitiba: Base Sistema Editorial, 1990.

palmier: doce francês.

Por dentro do texto

1 Por que Carlota não conseguia pegar no sono?

....

....

2 Carlota imaginou vários tipos de famílias. Relacione as profissões dos familiares ao modo como ela imaginou que viveria.

A Doceiros

C Domadores de tigres

B Piratas

D Astronautas

◯ Moraria em uma nave espacial e poderia visitar os planetas.

◯ Moraria em uma confeitaria e passaria o dia entre bolos, doces, pudins e bombons.

◯ Moraria em um circo e poderia passar o dia brincando com tigres.

◯ Moraria em um navio pirata e poderia navegar pelos sete mares, procurando tesouros.

3 Quais são as profissões dos pais de Carlota?

....

....

4 Como você acha que Carlota se sentiu quando soube que sua família não era exatamente como ela havia imaginado?

....

....

....

....

5 A família de Carlota tinha alguma semelhança com as famílias que ela tinha imaginado? Explique.

....

....

....

....

....

6 Se estivesse no lugar de Carlota, como você gostaria que fosse sua família? Escreva seu texto usando o modelo a seguir.

Se eu fosse adotado por uma família de ★, moraria em ★. Sem dúvida, uma família de ★ seria a melhor família do mundo!

Saiba mais

No texto que você leu, Carlota foi adotada pela família Perez.

Leia o texto a seguir para saber mais sobre o processo de adoção no Brasil.

Para que a adoção aconteça, os novos pais têm de ter certeza dessa decisão. É um processo que pode ser bastante demorado e que exige muito comprometimento e responsabilidade.

Qualquer pessoa maior de 18 anos pode adotar uma criança, independentemente de ser casada ou solteira. Veja um exemplo a seguir.

Vanessa pensou muito e tomou a decisão de adotar uma criança.

Confira as etapas que Vanessa terá de cumprir até conseguir a adoção:

1. Vanessa tem mais de 18 anos, idade mínima necessária para poder adotar.

2. Ela terá de fazer um pedido por escrito manifestando o desejo de adotar.

3. Vanessa então passará por uma entrevista com um assistente social.

4. Depois ela fará um curso para compreender as necessidades emocionais de uma criança adotada e passará por uma avaliação feita por profissionais competentes.

5. Então é preciso esperar pela criança na fila de adoção.

6. Ao encontrar a criança que se encaixa em seu perfil, Vanessa e o filho passarão por um período de convivência.

7. Passado esse período, se tudo correr bem, a adoção poderá ser efetivada.

Texto com base em: <www.senado.gov.br/noticias/Jornal/emdiscussao/upload/201302%20-%20maio/ed15_imgs/ed15_p10_info.jpg>. Acesso em: 11 mar. 2015.

Quanto menor a idade da criança, maior o tempo de espera.

Aprendendo gramática

● **Sílaba/Número de sílabas**

Você já aprendeu que cada parte da palavra que é pronunciada de uma só vez é chamada de **sílaba**.

Agora leia a frase abaixo.

> "Carlota Perez finalmente pôde dormir e não precisou ficar imaginando mais. Tinha conseguido a melhor família do mundo."

As palavras podem ter uma, duas, três, quatro ou até mais sílabas.

De acordo com o número de sílabas, as palavras recebem a seguinte classificação:

Número de sílabas		Classificação
não	→ uma sílaba	monossílaba
fi-car	→ duas sílabas	dissílaba
pre-ci-sou	→ três sílabas	trissílaba
fi-nal-men-te	→ quatro sílabas	polissílaba
i-ma-gi-nan-do	→ mais de quatro sílabas	polissílaba

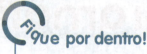**Fique por dentro!**

As palavras com quatro sílabas ou mais são chamadas de **polissílabas** (*poli* significa 'muitos').

Saber separar as sílabas das palavras corretamente é fundamental para não errarmos ao "dividir" uma palavra quando ela não couber na mesma linha. Veja:

infantil → in-fan-til

Com base na divisão silábica da palavra **infantil**, podemos separá-la no fim de uma linha de duas maneiras:

O cheiro desse sabonete infantil é delicioso.

O cheiro desse sabonete infantil é delicioso.

1 Complete o quadro com as palavras destacadas no trecho a seguir.

"**Pedro**, o novo **irmão** de Carlota, estuda na mesma **escola** que ela. **Não** é **astronauta**, mas **colou** no teto do seu quarto estrelas que **brilham** no escuro"

Palavra	Divisão silábica	Classificação
Pedro	Pe-dro	dissílaba

Texto 4 – A melhor família do mundo

2 Complete as frases com as palavras do quadro.

| vassouras | pés | pão | lousa |
| detergente | manteiga | apagador | livro |

a) Entrei no mercado e comprei um .... e duas ....

b) No café da manhã comi .... com ....

c) Os .... de Roberto são grandes. Ele calça número 44!

d) Meu .... não está na mochila. Onde será que eu o deixei?

e) A professora queria apagar o texto da ...., mas não encontrou o ....

o Agora escreva as palavras do quadro que são:

a) monossílabas: ....

b) dissílabas: ....

c) trissílabas: ....

d) polissílabas: ....

3 Escreva um breve texto com sua opinião sobre a adoção. Atenção: Seu texto deve conter uma palavra monossílaba, uma dissílaba, uma trissílaba e uma polissílaba. Depois, circule essas palavras.

Escrevendo certo

● **Consoante não acompanhada de vogal**

1 Leia estas palavras:

> **pe**neira   a**di**vinhar   obe**di**ente

Nas palavras acima, as letras destacadas são consoante e vogal; a consoante, nesses casos, se apoia na vogal.

Agora leia em voz alta as palavras abaixo e observe as consoantes destacadas.

> **pn**eu   a**dm**irar   o**bj**eto

○ Copie os encontros consonantais dessas palavras: ....

Nessas palavras, a primeira consoante é pronunciada levemente.

2 Complete as palavras com as consoantes **b**, **c**, **d** ou **p**.

helicó........tero	a........tidão	a........surdo	rece........ção
a........jetivo	a........mirável	infe........ção	a........mirar
........sicologia	impa........to	a........vogado	o........servar

a) Reescreva as palavras acima, separando as sílabas.

....

....

....

> 🖊 Na separação silábica, esses encontros consonantais ficam em sílabas separadas quando não estão no início da palavra.

b) Escolha duas dessas palavras e escreva frases com elas.

....

....

Texto 4 – A melhor família do mundo

3 Relacione as palavras ao seu significado.

A) pacto   ( ) fabricação
B) impacto   ( ) qualquer técnica moderna
C) confecção   ( ) acordo, contrato
D) infecção   ( ) treinador
E) tecnologia   ( ) doença
F) técnico   ( ) colisão, abalo, choque

4 Leia as palavras do quadro. Observe que todas têm encontro consonantal. Circule-os.

| psicólogo | ritmos | técnico | opção |
| subterrâneo | advogado | gnomo | digno |

5 Complete as frases com algumas das palavras da atividade 4.

a) O _____ de defesa teve de se consultar com um _____.

b) No almoço, escolhi a _____ com salada.

c) João chamou o _____ para consertar a televisão.

d) Eduardo gosta de dançar _____ latinos.

6 O professor vai ditar as frases abaixo. Complete-as com as palavras que faltam.

a) Edna vivia _____ as estrelas.

b) Este medo virou _____. Preciso consultar um _____.

c) Fiquei _____ com o _____ que ele me disse!

Texto 5 — Eternamente... mãe!

MÃE...
Presença constante que me ensinou,
na pureza de seu coração,
a vislumbrar os caminhos.

MÃE...
dos primeiros passos,
das primeiras palavras.

MÃE...
do amor sem dimensão
de cada momento,
dos atos de cada capítulo de minha vida
não ensaiados, mas vividos em cada emoção.

MÃE...
da conversa no quintal,
do acalanto do meu sono aquecido com amor,
aninhado em seu coração.

MÃE...
do abraço,
do beijo que levo na lembrança.

MÃE...
a sua ausência me inspira a
caminhar.

MÃE...
a presença de cada passo que o tempo não apaga,
por mais longo e escuro que seja o caminho,
haverá sempre um horizonte.

MÃE...
sinto suas mãos a me levar,
em cada momento de minha vida.

Ilustra Cartoon/Arquivo da editora

MÃE...
de onde estiver,
ensine-me o caminho,
mostre-me a liberdade.

MÃE...
dê-me a sua mão como quando em criança
para que eu possa entender um pouco mais
a vida,
o mundo;
pois só quem me entendia era você,
e eu só não estou só porque tenho na
lembrança a verdadeira concepção da
palavra mãe...
Como no brilho das estrelas,
a eterna luz da sua presença...
MÃE!

Eternamente... mãe!, de Armando Coelho de Carvalho Neto.

concepção: significado.
dimensão: tamanho.
vislumbrar: perceber, encontrar.

Saiba mais

Em datas comemorativas, como o Dia das Mães, é comum enviar um cartão felicitando a pessoa e expressando seus sentimentos por ela.

Você já enviou ou recebeu um cartão comemorativo?

Por dentro do texto

1) Observe a apresentação desse texto e explique por que **Eternamente... mãe!** é um poema.

_____

_____

2) Os poemas, geralmente, são organizados em versos e estrofes. Cada linha do poema é um verso. Cada conjunto de versos forma uma estrofe.

a) Quantos versos tem o poema?

_____

b) Quantas estrofes há no poema?

_____

c) Que verso é repetido no início de cada estrofe?

_____

3) O tema do poema é:

( ) o eterno amor da mãe pelo filho.   ( ) o eterno amor do filho pela mãe.

4) A quem o poema é dedicado?

_____

5) Os itens da segunda coluna completam os itens da primeira. Relacione-os de acordo com o poema.

(A) "a sua ausência   ( ) de cada passo que o tempo não apaga"

(B) "a presença   ( ) a me levar, em cada momento"

(C) "sinto suas mãos   ( ) me inspira a caminhar"

(D) "de onde estiver,   ( ) ensine-me o caminho"

6 A que o poeta compara a presença da mãe?

....

....

7 Observe a foto.

a) Que sentimento a imagem acima desperta? Assinale.

◯ Tristeza.

◯ Segurança.

◯ Saudade.

b) A qual verso do poema essa imagem pode ser relacionada?

....

....

8 Escolha no poema **Eternamente… mãe!** duas palavras ou expressões que você tenha achado bonitas ou poéticas. No caderno, escreva uma estrofe usando essas palavras ou expressões. Você pode oferecê-la à sua mãe ou a alguém que cuida de você.

Aprendendo gramática

● Sílaba tônica

O feirante anuncia seus produtos em voz alta. Observe as sílabas destacadas:

BANANA, AÇAÍ, LARANJA, PÊSSEGO.
OS MENORES PREÇOS ESTÃO AQUI!

A sílaba pronunciada com mais força é chamada de **sílaba tônica**.

Observe a posição da sílaba tônica nas palavras:

- a-ça-**í** → A sílaba tônica é a **última**.
- ba-**na**-na → A sílaba tônica é a **penúltima**.
- **pês**-se-go → A sílaba tônica é a **antepenúltima**.

Veja agora a classificação das palavras de acordo com a sílaba tônica.

Palavra	Posição da sílaba tônica	Classificação
a-ça-**í**	última sílaba	oxítona
ba-**na**-na	penúltima sílaba	paroxítona
pês-se-go	antepenúltima sílaba	proparoxítona

1 Escreva o seu nome e sublinhe a sílaba tônica.

....

....

Texto 5 – Eternamente... mãe!

2 Escreva o nome das figuras e circule a sílaba tônica.

3 Separe as sílabas das palavras e circule a sílaba mais forte. Depois indique sua posição e classifique as palavras quanto à posição da sílaba tônica. Veja o exemplo.

a) difícil: di-fí-cil   penúltima   paroxítona

b) está: ....

c) remendado: ....

d) irmã: ....

e) mínimo: ....

f) futebol: ....

4 Assinale as palavras proparoxítonas.

○ óculos   ○ pêssego   ○ romântico

○ biblioteca   ○ maneira   ○ terreno

○ patins   ○ próximo   ○ último

○ elétrico   ○ Jerônimo   ○ velocípede

Acento agudo e acento circunflexo

1 Leia estes quadrinhos e observe as palavras destacadas:

Curta o Menino Maluquinho, de Ziraldo. São Paulo: Globo, 2012. v. 3.

- Agora circule o sinal que aparece sobre a vogal da sílaba tônica nas palavras destacadas.

Esses sinais que você circulou são chamados de **acentos gráficos**.

> O acento agudo (') indica a sílaba tônica e, em alguns casos, indica que a vogal tem som aberto. Exemplo: **técnico**, **Kaká**, **Gaúcho**.
>
> O acento circunflexo (^) indica a sílaba tônica e indica que a vogal tem som fechado. Exemplo: **Fenômeno**.

Texto 5 – Eternamente... mãe!

2 Leia as palavras abaixo e acentue a vogal da sílaba tônica com o acento indicado.

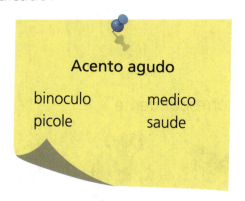

3 O que é, o que é? Responda às adivinhas e indique o acento utilizado nas palavras que você escreveu.

a) Trajes femininos usados para banho de mar ou piscina.

....

b) Objeto que serve para iluminar.

....

c) É formada por raiz, caule e folhas. Pode ter flores e frutos.

....

4 Leia as palavras do quadro e use-as para completar as frases abaixo.

| metro | metrô | para | Pará | bebe | bebê | esta | está |

a) Preciso arrumar a mudança para o .... e este menino não .... quieto.

b) O vão no .... tem menos de um ....

c) .... mala ainda não .... cheia.

d) O .... não .... leite na mamadeira.

o Você acha que os acentos são importantes nas palavras? Por quê? Converse com os colegas.

Escrevendo certo

c, g, gu, qu

1 Escreva o nome das figuras na coluna correspondente.

c	g	gu	qu

2 Escreva os diminutivos das palavras a seguir usando **qu** ou **gu**. Veja os exemplos.

a) foca: *foquinha*

b) banco: ....

c) boneca: ....

d) coco: ....

e) vaca: ....

f) lago: *laguinho*

g) fogo: ....

h) manga: ....

i) jogo: ....

j) barriga: ....

3 Qual é o nome da fruta das árvores abaixo?

a) pitangueira: ....

b) caramboleira: ....

c) coqueiro: ....

d) goiabeira: ....

e) caquizeiro: ....

f) mangueira: ....

Texto 5 – Eternamente... mãe!

4 O que é, o que é? Responda às adivinhas, escrevendo uma letra em cada círculo.

a) mamífero; gosta de banana ◯◯c◯◯c◯

b) instrumento musical de cordas ◯g◯u◯◯◯◯◯◯

c) ave; imita a voz humana ◯◯◯◯g◯◯◯

d) inseto ◯◯◯◯q◯u◯◯◯

5 Complete as palavras com **c**, **g**, **gu** ou **qu**.

a) Al_____ém che_____ou antes e _____omeu o _____eijo e a _____oiabada que estavam na _____eladeira.

b) A _____arotada corria, ia até a _____an_____orra e _____ar_____alhava.

c) No pomar, há man_____eira, fi_____eira e _____oiabeira.

d) O _____iabo _____ozinhou demais, _____ase virou sopa.

e) Na receita de _____indim não vai re_____eijão.

6 O professor vai ditar algumas palavras e você vai escrevê-las nas frases.

a) O _____ foi bem _____ ao se arriscar e _____ a bola _____ jeito.

b) Organizei os _____ das partituras do meu curso de _____ no computador.

c) No almoço _____ uma _____ de _____ moída e outra de _____ com milho.

De olho no dicionário

1 Vamos rever algumas regras de como usar o dicionário? Observe esta página de dicionário e depois responda às questões a seguir.

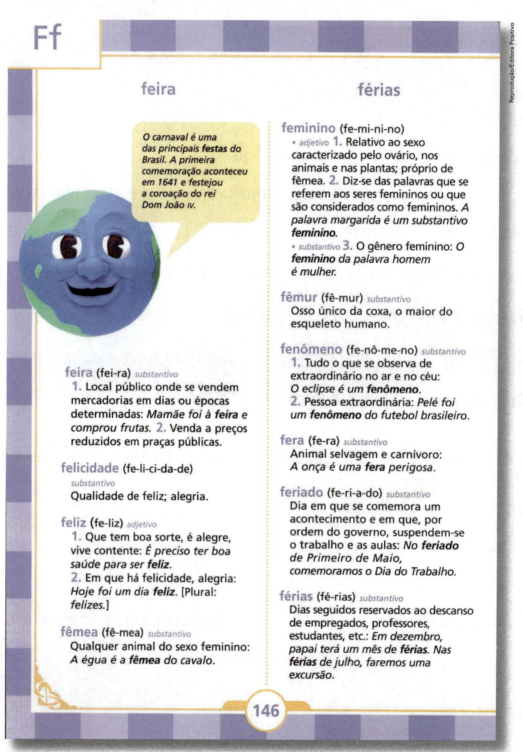

Aurelinho: dicionário infantil ilustrado da língua portuguesa, de Aurélio Buarque de Holanda. São Paulo: Positivo, 2014.

a) Qual é a letra inicial das palavras dessa página?

....

b) Por que a palavra **férias** vem depois da palavra **feriado**?

....

....

c) Explique o que aparece entre parênteses ao lado da palavra **férias**.

....

2 Pesquise a palavra **verbete** no dicionário. Escreva com suas palavras o significado dela.

Saiba mais

Um dicionário é uma compilação (reunião, coleção) de palavras de uma língua, com o seu respectivo significado. Para fazer um dicionário é necessário selecionar um grande número de palavras, usando como fonte obras literárias, jornais, revistas, manuais, etc. Além disso, os dicionários antigos também são usados para abastecer os novos dicionários. Leia o texto abaixo, que traz mais informações a respeito da organização de um dicionário.

Os milhões de palavras [pesquisados] são então cadastrados com a ajuda de um leitor óptico, um tipo de *scanner*, que passa esses dados para a memória de um computador. Novamente com o auxílio da informática, o passo seguinte é cruzar as vezes que cada vocábulo surge, descobrindo quais são os mais frequentes na língua e que efetivamente serão publicados. Após serem definidas as palavras que entrarão na obra, é hora de preparar o texto dos seus significados, além de pesquisar outras informações que podem complementar os verbetes, como a origem do vocábulo e a data em que ele passou a ser usado na língua. Todo esse trabalho pode levar anos ou até décadas e, invariavelmente, envolve uma grande equipe de pesquisadores.

Como são feitos os dicionários. Disponível em: <http://mundoestranho.abril.com.br/materia/como-sao-feitos-os-dicionarios>. Acesso em: 11 mar. 2015.

Ideias em ação

História em quadrinhos

Nesta Unidade você leu uma história em quadrinhos da Turma do Pererê, escrita por Ziraldo. De maneira simplificada, uma história em quadrinhos é resultado da união de imagem e texto, fazendo com que o leitor interprete o conjunto da obra. Algumas histórias em quadrinhos podem não ter texto; interpretamos, então, a expressão dos personagens e a ação desenvolvida.

Disponível em: <turmadamonica.uol.com.br/tirinhas/index.php?a=14>. Acesso em: 20 abr. 2015.

Algumas histórias em quadrinhos possuem, ainda, onomatopeias, que são representações escritas de um som. Veja um exemplo:

Disponível em: <bichinhosdejardim.com/nao-preciso/>. Acesso em: 20 abr. 2015.

Que tal agora você criar uma **história em quadrinhos**? Você pode fazê-la com texto, sem texto, com onomatopeia ou sem. O importante é a produção final, e que ela seja entendida pelos leitores.

Depois de pronta, sua história será lida pelos colegas e você conhecerá as histórias deles.

Planejando suas ideias

Escolha o tema da sua história em quadrinhos. Pode ser sobre super-heróis, animais, pessoas, etc. Ela pode ter a intenção de emocionar ou divertir o leitor.

Crie quantos quadrinhos forem necessários para sua história. Faça balões de fala, pensamento, grito ou sussurro. Ou não faça balões, mas, neste caso, capriche mais ainda nas ilustrações!

Rascunho

Antes de começar a fazer seus quadrinhos, releia os quadrinhos da Turma do Pererê, observando como foi escrito, como inicia e como termina. Observe quantos quadrinhos tem, quantos balões e quantos personagens.

Atente também para os seguintes detalhes:

- As histórias em quadrinhos têm de ser organizadas em quadrinhos.
- Elas precisam ter ilustrações.
- Elas têm um título.

Escreva seu texto nas páginas de rascunho do **Caderno de produção de texto**.

Revisando suas ideias

Retome os pontos do planejamento e do rascunho para saber se você não se esqueceu de nenhum detalhe do seu texto. Peça ao professor que leia seus quadrinhos e o oriente em como melhorá-los.

Texto final

Agora reescreva sua história em quadrinhos, fazendo as correções que forem necessárias. Se quiser, pinte a história. Use as páginas do **Caderno de produção de texto** para registrar o texto finalizado.

UNIDADE 2
Lendo sobre animais

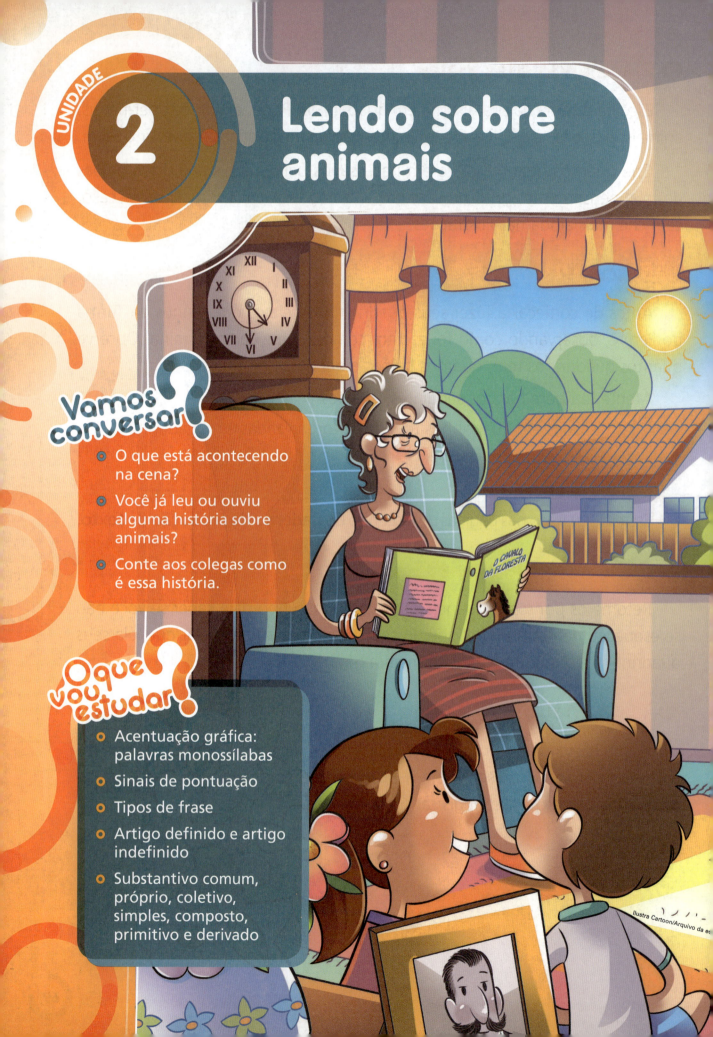

Vamos conversar

- O que está acontecendo na cena?
- Você já leu ou ouviu alguma história sobre animais?
- Conte aos colegas como é essa história.

O que vou estudar?

- Acentuação gráfica: palavras monossílabas
- Sinais de pontuação
- Tipos de frase
- Artigo definido e artigo indefinido
- Substantivo comum, próprio, coletivo, simples, composto, primitivo e derivado

Texto 1

A rã Santa Aurora

Minha primeira lembrança de menina mostra uma Ipanema com grandes espaços vazios, amendoeiras. Eu era muito pequena, quatro anos de idade, talvez. Sei que me lembro com nitidez dessa época, sei da idade por causa do lugar onde morávamos: perto da praça General Osório, num prédio de três andares, cinzento, que ainda existe até hoje, espremido no meio dos edifícios.

Eu tinha uma rã. Foi presente do meu pai. Lembro-me do dia em que ele trouxe a rã, dentro de uma caixa de celuloide, igual às caixas de orquídeas vendidas nos floristas. A caixa tinha uns furos, feitos com agulha. Minha mãe olhou, aumentou os furos com uma tesoura de ponta fina, para a rã poder respirar.

Papai ia para São Paulo. Era a sua primeira viagem de avião. Antes de partir, ele falou:

— Sylvia, vou viajar de avião. O que você quer que eu traga pra você?

— Quero uma nuvem! — respondi, depois de pensar um pouco. Achei que uma nuvem seria ótimo: era coisa fofa, boa de brincar.

Papai e mamãe riram. Senti raiva, um pouco de vergonha. Notei que havia pedido algo ridículo, comecei a pular num pé só, para disfarçar. Papai partiu, com muitas despedidas. Era um acontecimento: ia viajar de avião!

Quando papai voltou, trouxe a rã, em vez da nuvem. Achei a troca meio maluca, mas eles eram adultos, achavam que rã valia igual a nuvem, com certeza. Ou, quem sabe, por cima das nuvens pulavam rãs?

Meu pai deve ter estendido o braço pela janela do avião, e pescado a rã na nuvem.

Dentro da caixa, botei duas pedras redondas, um prato de comida pra rã. Papai disse que rã comia a mesma coisa que peixes, trouxe um vidrinho, daqueles de ração de peixes, para a rã. A rã parece que não era da mesma opinião do meu pai. Ficou com olheiras, os olhos muito esbugalhados, o gogó batendo. Peguei uma xícara cheia de água pra rã beber. A rã olhou, plocotof, pulou dentro da xícara e começou a boiar. A rã era miudinha, miudinha mesmo.

Foi quando a empregada disse:

— Sapo come mosca.

Fiquei danada. Minha rã não era sapo, era rã. Maria, a empregada, dizia que era sapo, se não era parecia, não via diferença.

Resolvi botar um nome na rã. Para isso, convidei duas amigas vizinhas, dizendo que era para um batizado. Seria de tarde. Mamãe preparou uma torta de maçã e me amarrou o cabelo com uma fita branca, enorme. Naquele tempo, as meninas usavam sempre, nas festas, vestidos de organdi, que é um tecido fino, transparente, que espeta que é um horror. Nos cabelos, laços enormes, brancos também. O sapato era de verniz preto, com meias brancas.

Minhas amigas chegaram vestidas do mesmo modo, acompanhadas das mães, vestidas de escuro.

Aí, eu trouxe a rã para a sala. Enfeitei a caixa de celuloide com flores, para ela ficar elegante. As mães, espantadas, olhavam a rã. Explicaram que tinham entendido que era batizado de gente.

Como as mães pensaram que era batizado de gente, a rã ganhou uma medalha de prata pra pendurar no pescoço e um santinho emoldurado, acho que não era santo, era anjo, pra pendurar em cima da cama.

Mamãe, um pouco sem jeito, tentava explicar. Pensava que as mães sabiam que era brincadeira. Tentou devolver os presentes, aí eu chorei, dizendo que eram da rã, ninguém tinha o direito de tirar!

As senhoras foram conversar na varandinha, uma sacada pequenina.

Nós fomos fazer o batizado: as duas meninas, Teresa e Glória, a empregada e a rã. Peguei a rã e esfreguei a cabeça dela com água salgada, dizendo:

— Rã, eu te batizo...

Aí, a Glória gritou que precisava ter madrinha, padrinho e padre e que a rã tinha que ter um nome de batismo.

A rã esperneava, detestando a cerimônia. Teresa pegou um barbante e tentou amarrar o santinho no pescoço da rã. Foi quando a rã, que parece que não queria ser batizada, escorregou de minha mão, deu vários pulos e caiu dentro do decote de dona Margarida, mãe de Teresa. Foi um berro só!

"Parece que as mães não gostam de rãs dentro do decote", pensei espantada. Parece que a rã também não gostou do decote de dona Margarida, pulou pra fora e caiu no chão, com olhos arregaladíssimos.

Fiquei danada com a rã, me atirei em cima dela, consegui pegar. Dona Margarida teve um pequeno ataque nervoso, foi preciso dar água com açúcar, bestagem de gente grande.

Voltamos à sala. Resolvemos que eu seria o padre, Teresa seria a madrinha e Glória seria o padrinho. Liguei um rádio velho para tocar música, ficar mais solene. O rádio tocava um samba, cantado por Aracy de Almeida. Não era bem música de batizado, mas servia, na falta de outra.

Texto 1 – A rã Santa Aurora

Escolhi o nome da rã, apesar de ser o padre. Teresa ficou danada, dizendo que era a madrinha que escolhia o nome. Aí respondi que eu era o padre e era a mãe da rã, quem escolhia o nome era a mãe e quem batizava era o padre. Escolhi um nome lindo: Aurora. Glória, que era a mais velha, explicou que, pra batizar, tinha que ser nome de santo. Por essa razão, a rã ficou com o nome de Santa Aurora.

Acabou o batizado, comemos torta de maçã. Dona Margarida, muito nojenta, obrigou todo mundo a lavar as mãos, por motivo de rã. Ela lavou os peitos na pia e passou perfume, cheia de fricotes, porque a rã tinha pulado dentro do decote dela. Era um perfume de mamãe.

De repente, depois de comer o bolo, ou torta, resolvemos dar um pedaço pra rã, agora chamada de Santa Aurora. Como fomos obrigadas a lavar as mãos, por motivo de rã, lavamos as mãos de Santa Aurora, por motivo de ela ter pulado dentro do decote de dona Margarida e poder estar achando nojento o contato com gente.

Pingamos perfume na rã, mas ela não quis comer torta nem bolo de maçã.

— Vai ver, ela não gosta de maçã, só gosta de chocolate! — disse Glória, pensativa.

— Sapo gosta de mosca! — falou Maria, implicando, enquanto servia o chá.

Pegamos a mosca que estava passeando em cima do bolo, jogamos perfume nela, para temperar, oferecemos para Santa Aurora. Santa Aurora, nhoc! Comeu a mosca perfumada, depois ficou meio bamba, de pileque, por causa do perfume, ou da emoção.

Os bichos que tive (memórias zoológicas), de Sylvia Orthof. São Paulo: Salamandra, 2013.

Sylvia Orthof (1932-1997) foi escritora, atriz e dramaturga. Atuou na área de dramaturgia infantil como autora, diretora, pesquisadora e professora. A convite de Ruth Rocha, escreveu para a revista **Recreio**, onde consolidou sua carreira. É uma das maiores escritoras do Brasil em literatura infantojuvenil. Sua obra é extensa (em torno de cem livros e mais de 500 histórias) e recebeu inúmeros grandes prêmios brasileiros, como o de Melhor Livro para Criança de 1983 para **Os bichos que tive**, do qual você leu um conto.

Por dentro do texto

1 No texto que você acabou de ler a personagem conta que, aos 4 anos, morava no bairro de Ipanema.

a) Em que cidade está situado esse bairro?

....

b) Nessa cidade há muitos pontos turísticos. Qual imagem abaixo mostra um ponto turístico dessa cidade?

Convento de São Francisco. Foto de 2013.

Cristo Redentor. Foto de 2014.

Elevador Lacerda. Foto de 2013.

Teatro Amazonas. Foto de 2014.

2 O pai de Sylvia, quando voltou de viagem, trouxe o que ela havia pedido de presente? Explique.

....

3 O que o pai de Sylvia e a empregada Maria pensavam que a rã deveria comer?

....

4 O pai de Sylvia viajou de uma capital para outra. Faça uma seta no mapa indicando de onde ele partiu e para onde ele foi.

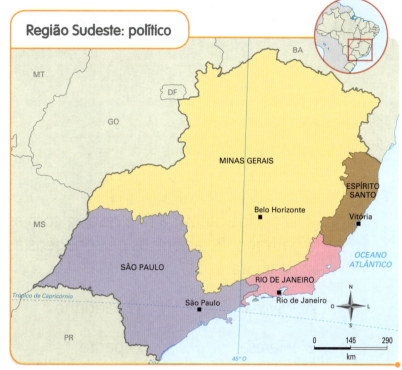

Atlas geográfico escolar. 5. ed. Rio de Janeiro: IBGE, 2009. p. 90.

5 Releia o trecho a seguir e, depois, faça o que se pede.

> "Naquele tempo, as meninas usavam sempre, nas festas, vestidos de organdi, que é um tecido fino, transparente, que espeta que é um horror. Nos cabelos, laços enormes, brancos também. O sapato era de verniz preto, com meias brancas."

- Em que época pode-se deduzir que Sylvia vivia quando era menina?

....

6 A narradora-personagem Sylvia ainda é uma menina quando conta a história? Explique.

....

....

....

Fique por dentro!

Além de narrar a história, Sylvia é personagem. Dá-se o nome de **narrador-personagem** a quem conta a história e também participa das ações.

7 Além de Sylvia, que outros personagens participam da história?

....

....

....

....

8 Sylvia decide batizar a rã e resolve com as amigas que papel cada uma terá no batizado. Relacione os personagens às funções que cada um assume no faz de conta.

- A) Sylvia
- B) Teresa
- C) Glória

- ( ) padrinho
- ( ) padre
- ( ) madrinha

9 Em cada item a seguir, assinale a resposta correta.

a) Nessa história, a narradora-personagem conta:

- ( ) acontecimentos sobre a vida de outra pessoa.
- ( ) suas memórias de fatos que ocorreram no passado.
- ( ) fatos cotidianos que são veiculados nos jornais.

b) Sylvia narra a história na:

- ( ) primeira pessoa do singular (eu).
- ( ) segunda pessoa do singular (tu).
- ( ) terceira pessoa do singular (ele/ela).

Fique por dentro!

O texto que você leu é um **conto de memória**, pois narra, em primeira pessoa, as memórias e lembranças de quem viveu a história.

Texto 1 – A rã Santa Aurora

10 Que animal(is) de estimação você gostaria de ter? Por quê?

....

....

....

11 A menina cuidou corretamente da rã? Por quê?

....

....

....

....

12 Sylvia pede uma nuvem de presente para o pai quando descobre que ele vai viajar de avião. Imagine que você está viajando em um avião e tem a missão de capturar uma nuvem. Escreva o que você faria.

Aprendendo gramática

● **Acentuação gráfica: palavras monossílabas**

○ Releia este trecho do conto e observe as palavras **monossílabas** destacadas.

> "**A rã** esperneava, detestando **a** cerimônia. Teresa pegou **um** barbante **e** tentou amarrar **o** santinho **no** pescoço **da rã. Foi** quando **a rã, que** parece **que não** queria **ser** batizada, escorregou **de** minha **mão, deu** vários pulos **e** caiu dentro **do** decote **de** dona Margarida, **mãe de** Teresa. **Foi um** berro **só**!"

As **palavras monossílabas tônicas** são pronunciadas com forte intensidade. As **palavras monossílabas átonas** são pronunciadas com fraca intensidade, por isso não se destacam.

 a) Agora leia em voz alta as palavras monossílabas destacadas e observe quais são pronunciadas com mais força.

b) Distribua no quadro abaixo as palavras destacadas no texto de acordo com as indicações.

Monossílabas tônicas	Monossílabas átonas

Fique por dentro!

Acentuam-se todas as palavras monossílabas tônicas terminadas em **a**, **e**, **o** e seus plurais (**as**, **es**, **os**).

Texto 1 – A rã Santa Aurora

Escrevendo certo

● **g, j**

1 Forme palavras com **g** ou **j** utilizando as letras do quadro e escreva-as na coluna correta. Você pode usar a mesma letra mais de uma vez.

| b a r m e j o p s n l t d i u g |

g com som de j	j

2 Leia as palavras a seguir.

| gigante | gente | viagem | anjinho | agora |
| conseguir | agarrar | alguma | jeito | colégio |

a) Copie as palavras do quadro no lugar correto.

- ge/gi: ....
- je/ji: ....

b) Agora complete a regra para o uso do **g** e do **j** nos casos acima.

- As consoantes .... e .... têm o mesmo som quando seguidas de .... e ....

3 Forme famílias de palavras a partir das palavras abaixo. Siga o exemplo.

- jeito: *jeitoso,* ....
- gelo: *gelado,* ....

O tema é... Direitos dos animais

- Você tem ou gostaria de ter um animal de estimação? Qual?
- Em sua opinião, como os animais devem ser tratados?
- Você sabia que os animais, assim como os seres humanos, têm direitos?

Quem tem ou já teve um animal de estimação sabe como eles criam uma relação de afeto com os humanos. Os bichos exigem muitos cuidados, mas também oferecem muito carinho, proteção e felicidade.

Algumas pessoas, ao perceberem o trabalho que dá cuidar de um animal, cometem o crime de abandoná-lo.

Declaração Universal dos Direitos dos Animais

1. Todos os animais têm o mesmo direito à vida.
2. Todos os animais têm direito ao respeito e à proteção do homem.
3. Nenhum animal deve ser maltratado.
4. Todos os animais selvagens têm o direito de viver livres no seu *habitat*.
5. O animal que o homem escolher para companheiro não deve ser nunca abandonado.
6. Nenhum animal deve ser usado em experiências que lhe causem dor.
7. Todo ato que põe em risco a vida de um animal é um crime contra a vida.
8. A poluição e a destruição do meio ambiente são consideradas crimes contra os animais.
9. Os direitos dos animais devem ser defendidos por lei.
10. O homem deve ser educado desde a infância para observar, respeitar e compreender os animais.

Associação protetora de animais São Francisco de Assis. Disponível em: <www.apasfa.org/leis/declaracao.shtml>. Acesso em: 12 mar. 2015.

Maus-tratos e abandono de animais vão ser penalizados com multas ou prisão

[...] quem infligir maus-tratos físicos a um animal de companhia é punido com pena de prisão até um ano ou pena de multa até 120 dias, que se agrava para prisão até dois anos e multa até 240 dias, caso a agressão resulte na morte ou na privação de "importante órgão ou membro" do animal.

O abandono de animais de companhia vai também passar a ser punido com pena de prisão até seis meses ou pena de multa até 60 dias [...]

Jornal de notícias. Disponível em: <www.jn.pt/PaginaInicial/Sociedade/Interior.aspx?content_id=4014842>. Acesso em: 12 mar. 2015.

- Em sua opinião, é justo penalizar quem abandona ou maltrata animais? Por quê?

- O que você acha destas imagens?
- Acha certo capturar um animal para vendê-lo?
- Você compraria um animal capturado ilegalmente? Por quê?

Além de maus-tratos ou abandono, muitos animais sofrem porque são tirados de seu *habitat* para serem vendidos. Esse é o caso de muitos animais silvestres, que são perseguidos, capturados e vendidos ilegalmente.

Policiais rodoviários encontram 78 aves presas em caixas, sem água nem comida, dentro de um carro em Catanduva (SP), 2011.

Turista é preso transportando micos ilegalmente no Rio de Janeiro (RJ), 2003.

A Polícia Rodoviária Federal fez apreensão de 106 animais silvestres tranportados em um veículo em Eunápolis (BA), 2008.

Texto 2 — Dicas para cuidar bem do seu gato

1. ANTES QUE ELE CHEGUE

Lembre-se: curiosidade matou o gato! Portanto, toda atenção com janelas e varandas porque, ao contrário do que muitos pensam, gatos têm uma só vida. Se você mora em apartamento, ANTES da chegada do bichano, instale rede protetora nas janelas e varandas para que todos, inclusive os gatos, vivam em paz, sem risco de acidentes. Gatos curtem a paisagem da janela e, acredite, eles não pulam, caem! Pássaros, insetos, árvores, o vento, etc. podem chamar sua atenção e nem sempre são precisos em seus movimentos. [...]

Apesar de ser comum que os gatos transitem pelos telhados da vizinhança, o bom mesmo é não deixá-lo sair do terreno. Acidentes acontecem, principalmente com animais tão curiosos por natureza [...].

2. AI, QUEM SÃO VOCÊS?!

Se ele estiver meio tímido e assustado, não estranhe, ele está chegando em um lugar que nunca viu, com pessoas novas, e ainda não sabe o motivo disso. Com o passar do tempo, ele notará que está sendo cuidado. Nada de passeios e portas abertas, pelo menos no início. [...]

3. ÁGUA FRESCA E RAÇÃO SECA TODO-DIA-O-DIA-TODO

Providencie um cantinho de fácil acesso para que água filtrada e fresca esteja sempre disponível. Não se esqueça de trocá-la ao menos uma vez ao dia.

Ração seca pode ser oferecida à vontade. Gatos gostam de lambiscar, e não são de comer grandes quantidades de uma vez só. [...] NUNCA dê carne crua ou malpassada devido ao risco de contraírem toxoplasmose e outras doenças, que podem, inclusive, ser transmissíveis aos humanos. [...]

Gemenacom/Shutterstock/Glow Images

4. COM LICENÇA, VOU AO BANHEIRO

Providencie também uma caixinha com areia própria para gatos. As areias comuns, como de parquinhos, não são adequadas, pois podem trazer doenças para o bichano. A caixinha não deve estar muito perto da comida nem em locais de muito trânsito. [...] As fezes devem ser removidas com uma pá, luvas ou saco plástico, todos os dias ou, de preferência, sempre que possível. [...]

5. BANHO — Sim, eles tomam!

E, se forem acostumados desde cedo, adoram! Gatos de pelo longo devem tomar banho uma vez por mês. Não se esqueça de usar xampu próprio para gatos. A temperatura do corpo deles é mais alta que a nossa, portanto use sempre água morna. [...] Eles também gostam de ser escovados, e uma escovação frequente permite um espaçamento maior entre os banhos.

6. VISITE O MÉDICO-VETERINÁRIO

Automedicação jamais! Consulte sempre seu veterinário de confiança. Gatos são MUITO sensíveis e até mesmo um medicamento à primeira vista inofensivo pode levá-los à morte em poucos minutos. [...]

Seu gato pode e deve ser esterilizado — quanto antes, melhor! [...] A esterilização aumenta a expectativa de vida dos felinos, mantendo-os longe de brigas [...]. Nas fêmeas, a castração também acaba com o incômodo do cio, e deixa a gata mais tranquila e com menos chance de desenvolver um câncer de mama, por exemplo. Além disso, elimina o risco de câncer de útero e ovários. [...]

7. ROM-ROM-ROM

[...] Gatos são muito sociáveis, e se apegam incrivelmente às pessoas. É comum eles seguirem seus donos pela casa, atenderem pelo nome ou ficarem tristes quando passam muito tempo sozinhos. [...] Quando ele se sente magoado, ou com ciúmes, por exemplo, pode se mostrar arisco ou muito quieto, indiferente. Mas, no fundo, estão profundamente ressentidos, podendo chegar à depressão. [...]

Dicas para cuidar bem do seu gato. ProAnima: Associação Protetora dos Animais do DF. Disponível em: <www.proanima.org.br/arquivos/cartilha-como-cuidar-de-gatos>. Acesso em: 12 mar. 2015.

Por dentro do texto

1) Converse com os colegas sobre qual é a utilidade desse texto. Depois escreva a conclusão a que vocês chegaram.

....

....

2) Em sua opinião seria importante que todas as pessoas lessem esse texto informativo? Por quê?

....

....

3) Escolha e escreva dois cuidados que, de acordo com o texto, ajudam o gato a ser saudável.

....

....

4) Complete com as orientações dadas pelo texto.

a) Antes da chegada do bichano, ...

....

b) Gatos são muito sensíveis e até mesmo ....

....

5) Esse texto serve para nos informar sobre como agir em relação a determinado assunto ou serve para nos divertir? Por quê?

....

....

6 As informações no texto são organizadas em subtítulos.

a) Explique o que é subtítulo.

....

....

b) Quantos subtítulos há no texto que você leu?

....

c) Em qual subtítulo você encontrou mais informações que desconhecia? Conte aos colegas.

7 Releia o primeiro parágrafo do texto. Você já conhecia a expressão "A curiosidade matou o gato"? Faça uma pesquisa para descobrir o significado dessa expressão e sua origem. A seguir escreva um resumo do que encontrou.

....

....

....

....

....

....

....

....

8 O subtítulo 7 é "Rom-rom-rom". Você sabe explicar o que isso significa?

....

....

9 Reúna-se com alguns colegas e, no caderno, criem mais um subtítulo para esse texto informativo, orientando o leitor sobre como cuidar bem do seu gato. Inclua um desenho seu ou uma imagem recortada de revista ou folheto para ilustrá-lo.

Aprendendo gramática

● Sinais de pontuação

Os sinais de pontuação têm a função de organizar a escrita, orientar a leitura e possibilitar a compreensão do texto. Por isso é muito importante que saibamos usar esses sinais corretamente.

. Ponto-final

O ponto-final é usado no final de frases declarativas.

> Sempre gostei de ler poemas.

! Ponto de exclamação

O ponto de exclamação é usado depois de palavras, expressões e frases para indicar surpresa, espanto, admiração, medo e tristeza, por exemplo.

> Nossa! Que confusão! (admiração)
> Ah! Que susto! (espanto)

? Ponto de interrogação

O ponto de interrogação é usado no fim de uma pergunta direta.

> Você tem um animal de estimação?

: Dois-pontos

Os dois-pontos são usados para:

- Indicar que um personagem vai falar:

> Joana falou:
> — Vou à papelaria comprar lápis, caneta e caderno novos.

- Antes de uma enumeração:

> Na estante havia muitos livros: livros de poesia, livros de contos, livros de arte...

- Antes de uma citação:

> Ontem o professor disse: "Machado de Assis é um dos maiores escritores brasileiros".

━ Travessão

O travessão é usado:

- No início da fala de personagens, em um diálogo:

> — Você já leu este poema, André?
> — Sim, ele é muito interessante.

- Para dar a explicação de determinada palavra, expressão ou trecho do texto:

> A esterilização — cirurgia que torna um animal ou uma pessoa infértil — aumenta a expectativa de vida dos felinos, mantendo-os longe de brigas.

, Vírgula

A vírgula é usada:

- nas datas:

> Rio de Janeiro, 17 de maio de 2015.

- nos endereços:

> Rua das Flores, 109.

- nos chamamentos:

> Teresa, me ligue quando puder.

- para separar palavras e frases:

> Eu gostaria de adotar um cachorro preto, manso, macho e filhote.
> O poema apresenta rima, a lenda apresenta parágrafo.

; Ponto e vírgula

O ponto e vírgula é usado para indicar uma pausa maior do que a vírgula.

> A menina chamou seu pai; depois chamou sua mãe.

... Reticências

As reticências são usadas para indicar a interrupção da frase, para indicar que ela não foi concluída, que mais coisas poderiam ser escritas.

> Os gatos são companheiros, desconfiados, silenciosos...

( ) Parênteses

Os parênteses são usados para separar palavras e expressões, para dar uma explicação ou para chamar a atenção.

> Eu tenho um peixe, um cachorro vira-lata (o mais bonito da casa) e uma tartaruga.

" " Aspas

As aspas são usadas:

- Antes e depois de uma palavra, de um trecho ou de um texto indicando ser uma citação:

> A cartilha sobre saúde animal dizia: "Automedicação jamais! Consulte sempre seu veterinário de confiança".

- Para chamar a atenção:

> Os cães são "carinhosos"?

- Para marcar a fala de personagem:

> "Por favor, tragam os livros encapados", disse a professora.

1 Pontue as frases usando ponto-final, ponto de exclamação ou de interrogação.

a) Ele já vai sair........

b) Ah........ Como o dia está lindo........

c) Eu me chamo Daniela........ E você........

d) As crianças vão almoçar em casa........

2 Circule todos os sinais de pontuação utilizados no texto a seguir.

O futebol rolava solto no gramado da praça em frente ao prédio em que moravam as irmãs Natália e Sofia. A disputa era entre meninos e meninas. Natália adorava futebol e, enquanto jogava, sentia-se a própria artilheira da Seleção Brasileira de Futebol Feminino.

— E lá vai Natália com a bola, passa por uma, passa por duas, dribla a goleira, chuta e… GOOOL!

— Que gol o quê, Natália?! Pare de viajar e passe a bola. Nós já estamos perdendo desses meninos pernas de pau por três a um!

Ao ouvir a bronca da amiga, Natália se deu conta de que estava literalmente pisando na bola e tratou de se desculpar:

— Tem razão, Carol. Vamos virar esse jogo!

Ilustrações: Ilustra Cartoon/Arquivo da editora

A rebelião dos acentos, de William Tucci. São Paulo: Scipione, 2003.

○ Escreva o nome dos sinais de pontuação utilizados no texto acima e o número de vezes que cada um deles aparece.

_____

_____

3 Leia as frases e use o sinal de pontuação adequado.

O professor perguntou ao aluno _____
_____ Por que você chegou atrasado _____
O menino respondeu _____
_____ Porque o despertador não tocou _____

4 Leia as frases, insira aspas nos locais adequados e explique o porquê do uso.

a) A menina disse: Eu amo os animais!

_____

b) O aviso dizia: É proibido fumar.

_____

5 Insira a vírgula onde for necessário.

a) Dona Clara trouxe da feira laranja maçã uva abacate e banana.

b) Sim está na hora de tomar banho!

6 Leia o anúncio abaixo e pontue-o.

Vendo uma bicicleta novinha............ azul e branca............
Tratar com Daniela............ na Rua do Redentor............
45 .... apartamento 302............
Telefone............ 3204-1300............

7 Use os dois-pontos e o travessão nas falas abaixo.

a) Clara perguntou à amiga............
.... Vamos tomar um sorvete?

b) .... Mãe, podemos adotar um filhote? .... perguntou o menino.

8 Leia esta história em quadrinhos:

O Menino Maluquinho em quadrinhos, de Ziraldo. São Paulo: Abril, n. 13.

a) Quais sinais de pontuação foram usados em cada quadrinho?

1º quadrinho: ....

....

2º quadrinho: ....

....

3º quadrinho: ....

....

4º quadrinho: ....

....

5º quadrinho: ....

....

 b) No caderno, reescreva a história retirando os balões. Não se esqueça de usar o travessão para indicar o personagem que está falando.

Tipos de frase

Leia este diálogo.

O diálogo entre os personagens se organiza em **frases**.

> **Frase** é uma palavra ou um conjunto de palavras com sentido completo.

A frase sempre começa com letra maiúscula e termina com um sinal de pontuação.

A frase pode ser:

Declarativa afirmativa	→	Eu cuido do meu gatinho.
Declarativa negativa	→	Talita não irá à casa de sua avó hoje.
Interrogativa	→	Por que você estava gritando?
Exclamativa	→	Fui eu que arrumei meu quarto!
Imperativa	→	Explique-me o que está acontecendo.

A frase **exclamativa** apresenta admiração, espanto, surpresa.
A frase **imperativa** apresenta uma ordem ou um pedido.

1 Observe as figuras e escreva uma frase para cada uma delas.

2 Responda às questões com frases declarativas negativas. Veja o exemplo.

Você sabe nadar? → frase interrogativa

Não, eu não sei nadar. → frase declarativa negativa

a) Você gosta de café?

....

b) Você sabe andar de bicicleta?

....

c) Mamãe levou nosso gatinho ao veterinário?

....

d) Você encontrou o livro?

....

e) Você esteve na chácara?

....

3 Leia as seguintes frases com atenção.

A) Raquel passou de ano.

B) Raquel, passou de ano?

C) Raquel passou de ano!

a) Que sinais marcam a diferença de sentido entre as três frases?

....

....

....

b) Em qual das frases parece que o locutor teve uma surpresa?

....

Escrevendo certo

● **r, rr**

1 Leia o trava-língua. Depois releia-o em voz alta bem depressa.

> Em casa daquele oleiro
> tem uma arara a falar.
> O oleiro fará louça
> e a arara falará.
>
> Trava-língua popular

a) Circule no trava-língua todas as palavras que têm **r**.

b) Copie a única palavra do trava-língua que termina com **r**: ....

2 Leia as palavras abaixo, observando como o **r** é pronunciado.

terra	Regina	natureza	carinhoso	rabisco
rico	guelra	jarra	caracol	corrida	Henrique

○ Agora escreva essas palavras no quadro correto.

r em início de palavra	**r** entre vogais

r depois de consoante	**rr**

Texto 2 – Dicas para cuidar bem do seu gato

3 Em cada grupo de palavras abaixo há uma em que a letra **r** não apresenta o mesmo som das demais. Escreva essa palavra.

rua
Reginaldo
farofa
relógio

riscar
enriquecer
rodopiar
carteira

partida
rádio
barco
martírio

....

4 Escreva palavras em que o **r** tenha o mesmo som que o das palavras dos quadros.

Rato	Caracol

5 Leia a tirinha abaixo, prestando atenção nas palavras destacadas.

Disponível em: <http://turmadamonica.uol.com.br/tirinhas/index.php?a=34>. Acesso em: 13 mar. 2015.

a) Converse com os colegas: quais letras o Cebolinha troca?

b) Reescreva as palavras destacadas no quadrinho sem fazer as trocas de letras que o Cebolinha faz.

....

Texto 3

A vida íntima de Laura

Esta é a história da vida íntima de uma galinha chamada Laura. O livro conta que ela é casada com o galo Luís, é a galinha que mais bota ovo no galinheiro de dona Luísa, tem o pescoço mais feio do mundo, tem muito medo de ir para a panela e não é muito inteligente...

[...]

Um dia ela [Laura] sentiu que ia ser mãe de novo. Cacarejou depressa a novidade para Luís. Luís parecia que ia estourar de tanta vaidade de ser de novo pai. Bem sei que todo ovo nasce. Mas aquele ia ser uma beleza. Era um ovo todo especial.

Até que uma noite Laura sentiu que o ovo estava pronto para nascer. Como é que ela sentiu? Desculpe, não sei, porque nunca fui galinha na minha vida. Ela estava até dormindo e acordou sentindo o ovo nascendo dela.

Viva o meu filho! Foi assim que Luís cantou. Embora fosse meia-noite, a notícia era como se o sol brilhasse. No galinheiro brilhava aquele lindo ovo branco. Laura, toda satisfeita, esfregou suas penas com o bico para alisar-se, igual como a gente penteia os cabelos. Porque ela é muito vaidosa e gosta muito de estar bem-arrumada.

[...]

Vou contar uma coisa meio enjoada de se contar. É o seguinte: sabe que a galinha tem um cheiro um pouco chato? Parece cheiro de cesto de roupa suja ou de quando a gente não toma banho todos os dias. Não é cheiro limpo não. Então embaixo das asas é aquela **morrinha**. Mas não faz mal. Todas as coisas têm mesmo um cheiro, não é? Você cheira bem? Cachorro é que gosta de viver cheirando tudo. O que eu queria saber é quem ensinou o galo a cantar de madrugada. Tem gente que se aproveita do canto como despertador para se acordar.

Eu queria tanto que Laura soubesse falar. Ela ia dizer tanta burrice engraçada que só vendo. Ela ia dizer assim, por exemplo: "você sabe que uma coisa vermelha é vermelha?" e você respondia: claro que é, pois se você já está dizendo.

Talvez ela pudesse explicar que gosto tem minhoca. Mas não é fácil explicar o gosto que se tem na boca. Por exemplo: experimente explicar o gosto de chocolate.

Viu como é difícil?

É gosto de chocolate mesmo.

[...]

morrinha: odor desagradável, fedor.

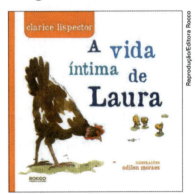

A vida íntima de Laura, de Clarice Lispector. Ilustração de Odilon Moraes. Rio de Janeiro: Rocco Pequenos Leitores, 2012.

Clarice Lispector nasceu na Ucrânia em 1920, mas mudou-se com a família para o Brasil muito cedo, com pouco mais de 1 ano de idade, tendo vivido a maior parte de sua infância em Recife (ela dizia que sua pátria era o Brasil quando questionada sobre sua nacionalidade). Ela perde a mãe quando ainda era menina, fato que marcaria sua vida e sua obra.

Clarice estudou Direito e trabalhou como jornalista, mas alcançou reconhecimento e fama com seus livros de ficção para o público adulto. Viveu muito tempo no exterior após casar-se com um diplomata, com quem teve dois filhos. Anos depois, separou-se do marido e voltou para o Rio de Janeiro, onde faleceu um dia antes de completar 57 anos.

Por dentro do texto

1 Como o galo Luís reagiu ao saber que seria pai?

....

....

2 Releia o trecho a seguir e responda às questões abaixo.

> "Viva o meu filho! Foi assim que Luís cantou. Embora fosse meia-noite, a notícia era como se o sol brilhasse."

a) Laura botou o ovo à noite ou durante o dia?

....

....

....

b) O sol estava brilhando quando o ovo nasceu? Explique o uso da expressão "era como se o sol brilhasse".

....

....

....

3 Depois de botar o ovo, Laura ficou satisfeita e esfregou seu bico nas penas. Por que ela fez isso?

....

....

....

4 No segundo parágrafo, quem pede desculpas por nunca ter sido galinha? Assinale a resposta correta.

◯ A personagem Laura.   ◯ Quem conta a história (o narrador).

Texto 3 – A vida íntima de Laura

5 Laura e Luís são os personagens principais da história. Onde eles vivem?

....

> **Fique por dentro!**
> Chama-se **narrador** aquele que conta a história. Quem realiza as ações na história é chamado de **personagem**.

6 Apesar de ser vaidosa, Laura não cheirava bem. Em sua opinião, por que isso acontecia?

....

....

....

7 O cheiro de Laura era semelhante a "quando a gente não toma banho todos os dias". É importante tomar banho todos os dias? Por quê?

....

....

....

8 Observe novamente a capa do livro **A vida íntima de Laura**:

a) Em sua opinião, por que o livro tem esse título?

....

....

b) Além do título do livro e do nome da autora, que outras informações aparecem na capa?

....

....

9 Você gostou de conhecer a história de Laura? Gostaria de ler o livro todo?

Aprendendo gramática

● **Artigo definido e artigo indefinido**

1 Leia a letra de canção abaixo, em que faltam algumas palavras.

Festa no céu

.... leão ia se casar
com sua noiva leoa,
e São Pedro, pra agradar,
preparou .... festa boa.

Mandou logo .... telegrama
convidando .... bichos machos
que levassem todas .... damas
que existissem cá por baixo. [...]

E no tal dia marcado
.... bichos tomaram banho
foram pro céu alinhados
tudo em ordem por tamanho. [...]

.... macaco com .... macaca
com *rouge* pelo focinho;
estava engraçada .... vaca
de porta-seio e corpinho.

Vou abreviar .... discurso
pra não dizer tanto nome:
Lá foi .... mulher do urso
de cabeleira "*a la home*".

Quando .... leão foi entrando,
São Pedro muito se riu
e pro bicho foi gritando:
"Caiu! 1º de abril."

Festa no céu, de Noel Rosa. **Noel pela primeira vez** (CD). Galeão NovoDisc, 2002.
(Letra adaptada para fins didáticos).

- Agora complete os espaços na letra da canção com as palavras do quadro abaixo e releia o texto completo.

> o   uma   um   os   as   os   o   a   a   o   a   o

As palavras que você escreveu no texto chamam-se **artigos** e se ligam a um substantivo.

O artigo pode ser **definido** ou **indefinido**.

O **artigo definido** (**a**, **as**, **o**, **os**) indica um determinado substantivo. Exemplo:

"**O** leão ia se casar com sua noiva leoa" → não é qualquer leão, é somente o leão que ia se casar

O **artigo indefinido** (**uma**, **umas**, **um**, **uns**) indica um substantivo de modo geral. Exemplo:

"preparou **uma** festa boa" → festa qualquer, festa de modo geral

2 Escreva os artigos definidos que poderiam acompanhar os substantivos abaixo. Observe o exemplo:

a) estojo: *o estojo*

b) caneta: ....

c) cadernos: ....

d) lousa: ....

e) lancheiras: ....

f) lápis: ....

3 Complete a frase a seguir com artigos indefinidos.

.... galinha botou .... ovos brancos e brilhantes.

4 Complete as frases com artigos definidos ou indefinidos.

a) .... sementes se espalharam pelo sertão e fizeram algumas plantas crescerem.

b) .... casa de nossos avós será reformada.

c) .... agricultores plantaram feijão.

d) .... galinha Laura tem o pescoço mais feio do mundo.

5 Complete o poema a seguir com artigos definidos.

> .... aranha faz .... teia
> Com preguiça de caçar
> Fica quieta esperando
> Um inseto bobear
> E cair na sua teia
> Para .... fome saciar.
>
> Dos mosquitos curiosos
> Vou contar todos .... planos
> Pois eu digo que .... fêmeas
> É que picam .... humanos
> E .... machos não nos picam
> Pois são vegetarianos.
>
> **Rimas animais**, de César Obeid. São Paulo: Moderna, 2010.

6 Reescreva as frases substituindo os símbolos conforme a legenda.

▼ artigo definido   ● artigo indefinido

a) Peguei ▼ folha de papel e fiz ▼ desenho.

....

b) Ela tirou ● carta daquela pilha e a leu.

....

c) Tive de esperar ▼ sinal tocar para iniciar ▼ prova.

....

d) ● dia desses vamos conhecer sua casa.

....

Escrevendo certo

Sons do x

Observe, nas palavras abaixo, a letra **x** representando diferentes sons.

x com som de ch

xarope	xícara	rouxinol	engraxate
mexer	abacaxi	enxurrada	caixote
puxar	enxugar	caxumba	bruxa

x com som de z

existir	exaustor	exatamente	exército
exagero	exibição	exigente	exercício
exemplo	êxito	exame	execução

x com som de s

experiência	sexta-feira	expulsar	extraordinário
exposição	texto	exposto	explosão
explicar	excursão	exclamação	exclusivo

x com som de ss

| máxima | próximo | auxiliar | Auxiliadora |
| aproximar | máximo | trouxe | aproximação |

x com som de cs

táxi	maxilar	anexo	circunflexo
oxigênio	reflexo	fixo	crucifixo
boxe	tóxico	sexo	nexo

1 Leia as palavras abaixo e escreva-as na coluna correta.

axila	xampu	exigente	lixa
complexo	exemplar	faxina	experiente
exibir	fixar	executar	proximidade
abaixo	externo	texto	saxofone
examinar	coxa	pirex	auxílio
extrai	externato	exaltado	queixo
aproximo	auxiliava	trouxemos	tórax

x com som de **ch**	x com som de **z**	x com som de **s**	x com som de **ss**	x com som de **cs**

2 Cada grupo abaixo possui uma palavra cujo som da letra **x** é diferente do das demais. Circule essas palavras.

auxílio	próximo
pretexto	trouxe

ameixa	faxina
enxada	exercício

lixa	taxímetro
anexo	axila

exame	caixote
êxito	exemplo

Texto 3 – A vida íntima de Laura

3 Numere os quadrinhos de acordo com o som do **x**.

- (1) som de **ch**
- (2) som de **z**
- (3) som de **cs**
- (4) som de **ss**
- (5) som de **s**

- ( ) exagerar
- ( ) tórax
- ( ) trouxemos
- ( ) próximo
- ( ) ameixa

- ( ) exercício
- ( ) intoxicar
- ( ) extrair
- ( ) bexiga
- ( ) texto

- ( ) caixinha
- ( ) auxílio
- ( ) axila
- ( ) exato
- ( ) experiência

4 Encontre, em cada item, a única palavra escrita de forma correta e circule-a.

a) flecção   flexão   flequição

b) convexo   convecço   convéquiço

c) taccímetro   taquicímetro   taxímetro

5 O professor vai ditar cinco frases. Escreva-as.

....
....
....
....
....
....

Unidade 2

107

Texto 4 — O galo que cantava para o sol nascer

Era uma vez um galo que acordava bem cedo todas as manhãs e dizia para a bicharada do galinheiro:

— Vou cantar para fazer o sol nascer...

Ato contínuo, subia até o alto do telhado, estufava o peito, olhava para o nascente e ordenava, definitivo:

— Có-có-ri-có-có...

E ficava esperando.

Dali a pouco a bola vermelha começava a aparecer, até que se mostrava toda, acima das montanhas, iluminando tudo.

O galo se voltava, orgulhoso, para os bichos e dizia:

— Eu não falei?

E todos ficavam biqui/abertos e respeitosos ante poder tão extraordinário conferido ao galo: cantar pra fazer o sol nascer.

Ninguém duvidava. Tinha sido sempre assim. Também o galo pai cantara para fazer o sol nascer, e o galo avô.

Tal poder extraordinário provocava as mais variadas reações.

Primeiro, os próprios galos não estavam de acordo. E isto porque não havia um galo só. Quando a cantoria começava, de madrugada, ela ia se repetindo pelos vales e montanhas. Em cada galinheiro havia um galo que pensava a mesma coisa e julgava todos os outros uns impostores invejosos. Além do que não havia acordo sobre a partitura certa para fazer o sol nascer. Cada um dizia que a única verdadeira era a sua — todas as outras sendo falsificações e heresias. Em cada galinheiro imperava o terror. Os galos jovens tinham de aprender a cantar do jeitinho do galo velho, e se houvesse algum que desafinasse ou trocasse bemóis por sustenidos, era imediatamente punido. Por vezes, a punição era um ano de proibição de cantar. Sendo mais grave o desafino, ameaçava-se com o caldeirão de canja do fazendeiro, fervendo sobre o fogão de lenha.

— Menino, ou você cocorica direito, como deve, ou o denuncio ao fazendeiro...

A ameaça era suficiente para fazer tremer e obedecer os mais rebeldes.

Quando, pela manhã, não mais se ouvia o cantar de algum galo ao longe, o dono do terreiro observava, contente:

— Com certeza virou canja. Bem feito. Quem mandou cantar diferente?

Depois, havia grande ansiedade entre os moradores do galinheiro. E se o galo ficasse rouco? E se se esquecesse da partitura?

Quem cantaria para fazer nascer o sol? O dia não amanheceria. E por causa disso cuidavam do galo com o maior cuidado. Ele, sabendo disso, sempre ameaçava a bicharada, para ser mais bem tratado ainda.

— Olha que eu enrouqueço!, dizia.

E todos se punham a correr, para satisfazer as suas vontades.

O galo, por sua vez, tinha enormes oscilações emocionais. Pela manhã, depois de o sol nascer, sentia-se como um deus, **onipotente** e admirado. E não era para menos. Mas à noite vinham a depressão e a ansiedade.

Não posso perder a hora, ele dizia. Se eu não cantar, o sol não vai nascer. E não conseguia dormir um sono tranquilo. Isto, na verdade, acontece com todas as pessoas que se acham poderosas assim. Paira sempre sobre elas a ameaça de fim do mundo.

Aconteceu, como era inevitável, que certa madrugada o galo perdeu a hora. Não cantou para fazer o sol nascer.

E o sol nasceu sem o seu canto.

O galo acordou com o rebuliço no galinheiro. Todos falavam ao mesmo tempo.

— O sol nasceu sem o galo... O sol nasceu sem o galo...

O pobre galo não podia acreditar naquilo que os seus olhos viam: a enorme bola vermelha, lá no alto da montanha. Como era possível? Teve um ataque de depressão ao descobrir que o seu canto não era tão poderoso como sempre pensara. E a vergonha era muita.

Os bichos, por seu lado, ficaram felicíssimos. Descobriram que não precisavam do galo para que o sol nascesse. O sol nascia de qualquer forma, com galo ou sem galo.

Passou-se muito tempo sem que se ouvisse o cantar do galo, de deprimido e humilhado que ele estava. O que era uma pena: porque é tão bonito. Canto de galo e sol nascente combinam tanto. Parece que nasceram um para o outro.

Até que, numa bela manhã, o galinheiro foi despertado de novo com o canto do galo. Lá estava ele, como sempre, no alto do telhado, peito estufado.

— Está cantando para fazer o sol nascer?, perguntou o peru em meio a uma gargalhada.

— Não, ele respondeu. Antes, quando eu cantava para fazer o sol nascer, eu era doido varrido. Mas agora eu canto porque o sol vai nascer. O canto é o mesmo. E eu virei poeta.

Estórias de bichos, de Rubem Alves. São Paulo: Edições Loyola, 2012.

heresias: tolices; opiniões absurdas.
onipotente: poderoso.

Por dentro do texto

1 O que fazia o galo todas as manhãs?

....

....

2 O autor do texto utiliza a expressão "biqui/abertos". Na sua opinião, por que ele usou esse termo?

....

....

3 Releia o trecho a seguir e, depois, responda às questões.

> "**Ato contínuo**, subia até o alto do telhado, estufava o peito, olhava para o nascente e ordenava, definitivo"

a) Qual é o significado da expressão destacada?

....

b) Por que o galo olhava para o nascente e não para o poente?

....

....

4 De que forma o galo ordenava ao sol que aparecesse?

....

5 Como o galo se sentia depois de o sol nascer?

....

....

Texto 4 – O galo que cantava para o sol nascer

6 Por que o galo não conseguia dormir um sono tranquilo?

_____

_____

7 O que o galo imaginava que aconteceria caso não cantasse de manhã?

_____

8 Leia o trecho a seguir e responda às questões abaixo.

> "Em cada galinheiro havia um galo que pensava a mesma coisa e julgava todos **os outros** uns impostores invejosos."

a) A quem se refere a expressão destacada no trecho?

_____

b) O que eles pensavam?

_____

_____

9 Em cada galinheiro imperava o terror. Por quê?

_____

_____

10 Certa madrugada o galo perdeu a hora e não cantou. Responda:

a) O que aconteceu com o sol?

_____

b) Com isso, o que o galo descobriu?

_____

_____

11 Converse com os colegas sobre o que o galo quis dizer com "Mas agora eu canto porque o sol vai nascer.".

Aprendendo gramática

● **Substantivo comum e substantivo próprio**

Leia o texto abaixo, prestando atenção às palavras destacadas.

O **pai** de **Rosa** se chamava **Zondinane** e veio trabalhar no **Brasil**. Como ficaria aqui por alguns **anos**, trouxe a **família** com ele.

Experimente agora fazer a mesma leitura sem ler as palavras destacadas.

Você deve ter percebido que o texto ficou sem sentido. Isso acontece porque as palavras destacadas são importantes para nomear as pessoas, os objetos, os lugares, etc. As palavras destacadas são chamadas de **substantivos**.

O substantivo pode ser:

○ **Comum**: nomeia qualquer elemento da espécie. Exemplos:

pai   família

Estas palavras indicam qualquer pai, qualquer família.

○ **Próprio**: nomeia um determinado elemento individualmente. Exemplo:

Letícia   Zondinane

Estas palavras indicam o nome próprio de pessoas específicas.

Fique por dentro!

Pedro vai viajar para algum **país** nas férias.
O substantivo **país** é comum, pois ele designa qualquer elemento que tenha a característica de país. Pedro poderá viajar para qualquer país nas férias.

Pedro vai viajar para **Portugal** nas férias.
O substantivo **Portugal** é próprio, pois ele designa especificamente um elemento apenas. Pedro viajará para Portugal nas férias.

1 Leia este texto sobre um grande pintor brasileiro.

Portinari

Aos 20 anos, **Portinari** pintou uma **tela** chamada **Baile na roça**.

Naquela época já estudava no **Rio de Janeiro**, na **Escola Nacional de Belas Artes**, onde convivia com jovens talentos que chegavam de várias partes do **Brasil**. Pintado durante umas **férias** de verão em **Brodowski**, o **quadro**, além de gente e cores bem brasileiras, transmite uma afetividade calorosa, de **família** que se diverte entre **amigos**.

Recusada em uma exposição oficial, a tela foi vendida e sumiu por mais de 50 anos. Mestre **Candinho** apreciava muito esse trabalho, porém nunca mais o veria.

Autorretrato, pintura a óleo de Candido Portinari, 1956.

Portinari: vou pintar aquela gente, de Nilson Moulin e Rubens Matuck. São Paulo: Callis, 1997.

a) Releia os substantivos destacados no texto e distribua-os na coluna correta.

Substantivo próprio			
Nome de lugares	Nome e apelido de pessoas	Nome de estabelecimentos	Nome de telas

b) Escreva e classifique os demais substantivos destacados no texto.

2 Escreva dois substantivos comuns indicativos de:

a) animal: _____

b) brinquedo: _____

c) sentimento: _____

d) fruta: _____

3 Escreva dois substantivos próprios indicativos de:

a) pessoa: _____

b) cidade: _____

c) livro: _____

d) país: _____

4 Complete o texto com os substantivos do quadro.

> obras   objetivo   Projeto Portinari
> realização   conhecimento   cardápio   exposição

No ano de 1997 foi criado o Núcleo de Arte-Educação e Inclusão Social do _____, com o _____ de democratizar o acesso às _____ de Candido Portinari. Diante das inúmeras complexidades que envolvem a _____ de uma _____ de obras originais, o Projeto Portinari buscou, por meio de pesquisas, o _____ de tecnologias que pudessem conferir excelência na qualidade da impressão de réplicas das obras desse artista.

Com a realização de reproduções das obras de arte de Portinari em alta qualidade, o Núcleo de Arte-Educação tem montado um _____ de exposições temáticas, tais como: "O Brasil de Portinari", "Portinari — Arte e Meio Ambiente", "Portinari — Arte e Ciência", "Guerra e Paz", "Drummond — Portinari — Poesia e Pintura", "Tempo Portinari", "Portinari, Imagens do Brasil", "Portinari — o Pintor da Paz". [...]

Projeto Portinari, de João Candido Portinari. Disponível em: <www.portinari.org.br/#/pagina/arte-e-educacao/apresentacao>. Acesso em: 13 mar. 2015.

Texto 4 – O galo que cantava para o sol nascer

Saiba mais

Você leu dois textos sobre Candido Portinari. A seguir, vamos aprender um pouco mais sobre ele.

Candido Portinari nasce em 30 de dezembro de 1903, numa fazenda de café perto do pequeno povoado de Brodowski, no estado de São Paulo. Filho de imigrantes italianos, de origem humilde, tem uma infância pobre. Recebe apenas a instrução primária. Desde criança manifesta sua vocação artística. Começa a pintar aos 9 anos. E — do cafezal às Nações Unidas — ele se torna um dos maiores pintores do seu tempo.

[...] Portinari [...] põe em prática a decisão de retratar nas suas telas o Brasil — a história, o povo, a cultura, a flora, a fauna... Seus quadros, gravuras, murais revelam a alma brasileira.

[...] Embora menos conhecido, há também o Portinari lírico. Essa outra vertente é povoada por elementos das reminiscências de infância na sua terra natal: os meninos de Brodowski com suas brincadeiras, suas danças, seus cantos; o circo; os namorados; os camponeses... o ser humano em situações de ternura, solidariedade, paz.

Pela importância de sua produção estética e pela atuação consciente na vida cultural e política brasileira, Candido Portinari alcança reconhecimento dentro e fora do seu país. [...]

Candido Portinari morre no dia 6 de fevereiro de 1962, vítima de intoxicação pelas tintas.

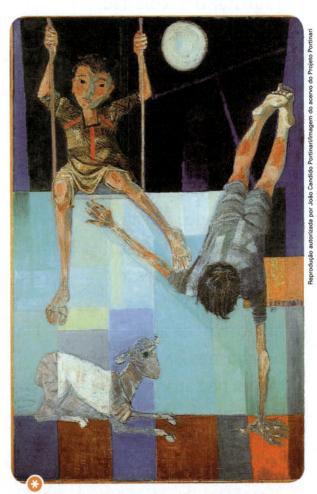

Meninos com carneiro, pintura a óleo sobre madeira de Candido Portinari, 1959.

Projeto Portinari, de João Candido Portinari. Disponível em: <www.portinari.org.br/#/pagina/candido-portinari/apresentacao>. Acesso em: 13 mar. 2015.

Substantivo coletivo

A Biblioteca Nacional do Rio de Janeiro é considerada pela Unesco uma das dez maiores bibliotecas nacionais do mundo. Seu **acervo** inclui obras raras e obras atuais.

Biblioteca Nacional do Rio de Janeiro (RJ), 2014.

O substantivo **acervo** indica um conjunto de obras (livros, revistas e jornais, por exemplo).

A palavra **acervo** é classificada como **substantivo coletivo**.

A seguir, veja alguns substantivos coletivos:

> **Substantivo coletivo** é aquele que está no singular e indica uma coleção ou um conjunto de seres da mesma espécie.

aglomeração: de pessoas
álbum: de retratos, de selos
alcateia: de lobos
alfabeto: de letras
arquipélago: de ilhas
arvoredo: de árvores
banda: de músicos
bando: de aves
biblioteca: de livros
boiada: de bois
cacho: de bananas, de uvas
cardume: de peixes
classe: de alunos
constelação: de estrelas
discoteca: de discos
elenco: de artistas
enxame: de abelhas
enxoval: de roupas
esquadra: de navios
esquadrilha: de aviões
fauna: de animais
feixe: de lenha
flora: de plantas
galeria: de quadros
manada: de elefantes, de bois
matilha: de cães
molho: de chaves
ninhada: de pintos
nuvem: de gafanhotos
penca: de bananas
pomar: de árvores frutíferas
quadrilha: de ladrões
ramalhete: de flores
rebanho: de ovelhas
réstia: de alhos, de cebolas
revoada: de aves
time: de jogadores
tribo: de pessoas
turma: de alunos
vara: de porcos

Texto 4 – O galo que cantava para o sol nascer

1. Reescreva as frases substituindo as expressões destacadas por um substantivo coletivo. Modifique o que for necessário.

   a) No quintal de casa há **muitas árvores frutíferas**.

   ....

   b) Vi **muitas abelhas**.

   ....

   c) **Os músicos** tocaram muito bem.

   ....

   d) **Os ladrões** fugiram a pé.

   ....

   > TAMBÉM SÃO SUBSTANTIVOS COLETIVOS: DEZENA, DÚZIA, CENTENA, MILHAR, MILHEIRO, GROSA (12 DÚZIAS), BIMESTRE, TRIMESTRE, SEMESTRE, ANO, SÉCULO, BANANAL E CAFEZAL, POR EXEMPLO.

2. Preencha a cruzadinha a seguir com os substantivos coletivos das ilustrações.

3 Leia as indicações entre parênteses e complete as frases com substantivos coletivos.

a) Muitos movimentos ecológicos lutam pela preservação da .... e da .... brasileiras. (conjunto de plantas/conjunto de animais)

b) O pastor de ovelhas cuida de seu .... (conjunto de ovelhas)

c) Em frente à fábrica havia uma .... (reunião de pessoas)

d) Já sei a sequência do .... (conjunto de letras)

4 Reescreva as frases substituindo as ilustrações pelo nome delas.

a) Falta apenas uma [foto] para completar o [álbum].

b) O fazendeiro pegou um [porco] daquela [vara].

c) O [índio] deixou sua [tribo].

d) O [jogador] saiu do [time].

Ilustrações: Ilustra Cartoon/Arquivo da editora

e) Lígia adora [banana], mas não quis comer nenhuma da [cacho].

o Agora sublinhe os substantivos coletivos das frases que você escreveu.

Texto 4 – O galo que cantava para o sol nascer

Escrevendo certo

az, ez, iz, oz, uz

1) Leia as palavras do quadro e depois responda às questões.

| talvez | paz | surdez | avestruz | atriz |
| feroz | rapidez | feliz | xadrez | raiz |

a) O que essas palavras têm em comum?

....

b) Usando as palavras do quadro, escreva as respostas das adivinhas.

Antônimo de guerra: ....

Quem anda rápido anda com...: ....

Fixa a planta no solo: ....

Quem não ouve sofre de...: ....

Indica possibilidade ou dúvida: ....

Certo jogo de tabuleiro: ....

Muito contente: ....

Feminino de ator: ....

A ave mais alta do mundo: ....

Muito bravo: ....

2) Complete as frases com as palavras que o professor vai ditar.

a) Peguei o .... e escrevi na lousa a resposta correta.

b) Acendi a .... assim que cheguei.

c) O .... trouxe o .... que ele mesmo ....

Texto 5 — O gato vaidoso

Moravam na mesma casa dois gatos iguaizinhos no pelo mas desiguais na sorte. Um, amimado pela dona, dormia em almofadões. Outro, no borralho. Um passava a leite e comia em colo. O outro por feliz se dava com as espinhas de peixe do lixo.

Certa vez cruzaram-se no telhado e o bichano de luxo arrepiou-se todo, dizendo:

— Passa de largo [...] Não vês que és pobre e eu sou rico? Que é gato de cozinha e eu sou gato de salão? Respeita-me, pois, e passa de largo...

— Alto lá, senhor orgulhoso! Lembra-te que somos irmãos, criados no mesmo ninho.

— Sou nobre! Sou mais que tu!

— Em quê? Não mias como eu?

— Mio.

— Não tens rabo como eu?

— Tenho.

— Não caças ratos como eu?

— Caço.

— Não comes rato como eu?

— Como.

— Logo, não passas de um simples gato igual a mim. Abaixa, pois, a crista desse orgulho idiota e lembra-te que mais nobreza do que eu não tens — o que tens é apenas um bocado mais de sorte...

Quantos homens não transformam em nobreza o que não passa de um bocado mais de sorte na vida!

borralho: cinzas de fogão de lenha.

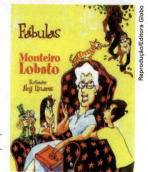
Fábulas, de Monteiro Lobato. São Paulo: Globo, 2010.

Monteiro Lobato (1882-1948) foi um dos mais influentes escritores brasileiros. Nasceu em Taubaté e era contista, ensaísta, editor e tradutor. Ficou mais conhecido pela publicação de livros infantis, principalmente o **Sítio do Picapau Amarelo** (série de 23 livros), que atravessa gerações e originou séries de televisão com mesmo título, tendo permanecido no ar por muitos anos. A obra de Lobato é extensa e valiosa, assim como sua contribuição para a literatura brasileira.

Por dentro do texto

1 Como o gato vaidoso reagiu ao encontrar o outro gato no telhado?

....

....

2 O que o gato quis dizer quando pediu ao outro para "passar de largo"?

....

....

3 Como o gato pobre provou que era igual ao gato rico?

....

4 Discuta com os colegas: todas as pessoas têm a mesmas oportunidades?

5 O texto **O gato vaidoso** foi extraído de um livro de fábulas. Responda às questões a seguir sobre fábulas.

a) Como são os personagens dessa fábula?

....

....

b) Toda fábula tem um ensinamento ou moral final. Qual foi o ensinamento dessa história?

....

....

c) Você concorda com esse ensinamento? Converse com os colegas.

Fique por dentro!

Fábulas são histórias breves, na maior parte das vezes narradas, cujos personagens são animais que falam e agem como seres humanos. Toda fábula transmite um ensinamento.

6 Você conhece outras fábulas? A seguir há três cenas de fábulas. Utilizando os títulos presentes no quadro abaixo, nomeie as fábulas apresentadas.

> O lobo e o cordeiro   O galo e a raposa   A cigarra e a formiga

a)

....

b)

....

c)

....

7 Forme grupo com dois colegas. Cada um será responsável por contar, para os outros colegas do grupo, uma das fábulas acima.

Aprendendo gramática

● **Substantivo simples e substantivo composto**

Leia a frase e observe os substantivos destacados.

> O **gato** vaidoso admirava o **bem-te-vi**.

O substantivo pode ser formado por uma palavra ou mais.

 O substantivo formado por uma só palavra é chamado de **substantivo simples**.

A palavra **gato** é um **substantivo simples**.

 O substantivo formado por mais de uma palavra é chamado de **substantivo composto**.

A palavra **bem-te-vi** é um **substantivo composto**.

1 Escreva o substantivo correspondente a cada figura.

 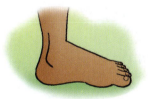 

....

....

○ Agora circule os substantivos compostos.

2 Distribua os substantivos abaixo nos quadros a seguir.

menino   sombra   paraquedas   pão   pão de ló   pernilongo

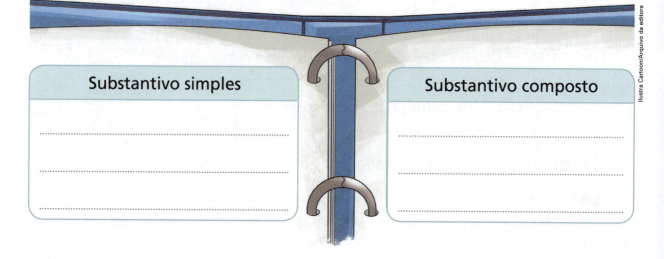

Substantivo simples	Substantivo composto

3 Combine as palavras a seguir e forme substantivos compostos.

moleque   reco   couve   flor   reco   de   pé

● Substantivo primitivo e substantivo derivado

Leia estes substantivos.

mar → marinheiro   flor → florista

As palavras **mar** e **flor** são **substantivos primitivos**.

O **substantivo primitivo** não é formado a partir de outra palavra; ele dá origem a outros substantivos.

Já as palavras **marinheiro** e **florista** são **substantivos derivados** porque se formaram a partir dos substantivos **mar** e **flor**, respectivamente.

O **substantivo derivado** é formado a partir de outras palavras.

1 Circule o nome das flores citadas no poema abaixo.

> Na loja de flores
> orquídeas, margaridas,
> cravos, rosas e camélias.
> Azuis, vermelhas, amarelas,
> varrem para longe
> o tédio da tarde.

Artes e ofícios, de Roseana Murray. São Paulo: FTD, 2007.

- Os substantivos que você circulou são:

  ○ compostos ○ primitivos ○ próprios

  ○ simples   ○ derivados   ○ comuns

2 Escreva dois substantivos derivados de cada palavra a seguir.

a) terra: _____   e) laranja: _____

b) porta: _____   f) livro: _____

c) jornal: _____   g) barba: _____

d) pedra: _____   h) carta: _____

3 Sublinhe os substantivos e classifique-os. Veja o exemplo.

a) O <u>dentista</u> obturou o <u>dente</u> rapidamente.

dentista — substantivo comum, derivado
dente — substantivo comum, primitivo

b) O fogo se transformou em fogaréu.

_____

_____

c) Na lanchonete, comemos um lanche reforçado.

_____

_____

4 Leia com atenção as frases a seguir:

(A) Ana levou o relógio para consertar no relojoeiro.

(B) O cafezal é uma plantação de café.

(C) Estava com fome, então parei na pastelaria.

(D) Meus pais compraram um porta-chaves para nossa casa.

(E) O vidro da janela da escola foi consertado na vidraçaria.

o Agora responda às seguintes questões.

a) Qual é o substantivo primitivo e seu derivado na frase **B**?

....

b) Qual é o substantivo derivado da frase **A**?

....

c) Qual é o substantivo composto presente na frase **D**?

....

d) Qual é o substantivo primitivo do qual se originou o substantivo derivado da frase **E**?

....

e) Qual é o substantivo primitivo que originou o substantivo derivado presente na frase **C**?

....

5 Assinale a alternativa em que todos os substantivos são primitivos.

◯ primo, felicidade, rio, dente

◯ peixe, sorvete, livro, papel

◯ peixaria, ferro, folha, mar

Escrevendo certo

● **meio, meia**

1 Leia o poema abaixo e observe a palavra destacada.

> **Galinha-mãe**
>
> Quando a galinha põe ovo,
> fica sonhando com pintinho.
>
> Quando a galinha choca o ovo,
> fica nervosa com os curiosos.
>
> Quando o ovo estufa e rebenta,
> dele sai um pintinho **meio** tonto.
> [...]
>
> **Bicho que te quero livre**, de Elias José. 2. ed. São Paulo: Moderna, 2002.

*A palavra **meio**, no texto, significa "um pouco".*

○ Reescreva as frases a seguir substituindo a expressão **um pouco** por **meio**.

a) Júlio está um pouco nervoso por causa da prova.

_____

b) Talita ficou um pouco zangada com sua prima.

_____

2 Leia a frase a seguir e observe a palavra destacada.

> Luísa pediu **meia** xícara de leite para a mãe.

*A palavra **meia**, na frase, significa "metade".*

○ Reescreva as frases abaixo substituindo a palavra **metade** por **meia** ou **meio**. Faça as adaptações quando necessário.

a) Mariana comeu a metade do sanduíche na hora do lanche.

_____

b) Marisa quer só a metade de uma fatia da torta de morango.

_____

Unidade 2

127

De olho no dicionário

1 Releia o seguinte trecho do texto **A rã Santa Aurora**.

> "Eu tinha uma rã. Foi **presente** do meu pai. Lembro-me do dia em que ele trouxe a rã, dentro de uma caixa de celuloide, igual às caixas de orquídeas vendidas nos floristas. A caixa tinha uns furos, feitos com agulha. Minha mãe olhou, aumentou os furos com uma tesoura de ponta fina, para a rã poder respirar."

○ Agora leia o verbete correspondente à palavra **presente**.

■ **presente** (pre-sen-te)

substantivo **1.** O período entre o passado e o futuro; o tempo em que estamos: *No presente, tenho de estudar; no futuro, terei também de trabalhar.* **2.** Aquilo que se dá a alguém para mostrar afeto, gratidão, etc. • *adjetivo* **3.** Diz-se de pessoa que assiste a qualquer acontecimento: *Havia, na aula, apenas dez alunos presentes.*

Aurelinho: dicionário infantil ilustrado da língua portuguesa, de Aurélio Buarque de Holanda Ferreira. Curitiba: Positivo, 2008.

Fique por dentro!

Quando uma palavra tem mais de um significado, o dicionário também nos dá essa informação.

a) Quantos significados de **presente** aparecem nesse verbete?

b) Foi fácil para você responder ao item **a**? Por quê?

c) Qual significado corresponde ao uso da palavra **presente** no trecho do texto citado acima?

2 Leia a frase a seguir.

> A adaptação do animal adotado deve ser feita **paulatinamente**.

- Você conhece a palavra **paulatinamente**? Escreva, com suas palavras, o que você imagina que ela significa.

_____
_____
_____

Fique por dentro!
Nem sempre os dicionários apresentam todas as variações de uma palavra.

a) Procure no dicionário a palavra **paulatinamente**. Caso você não a encontre, aí vai uma dica: **paulatinamente** significa "agir de modo paulatino". Procure então, no dicionário, a palavra **paulatino** e copie o significado nas linhas abaixo.

_____
_____
_____
_____

b) Copie a frase da atividade 2 substituindo a palavra **paulatinamente** por um sinônimo.

_____
_____

Ideias em ação

Texto informativo

Nesta Unidade você leu um texto informativo sobre como cuidar bem de seu gato. O texto informativo tem como finalidade esclarecer o leitor sobre determinado tema, apresentando-lhe informações. O texto deve ser claro e objetivo e conter dados importantes sobre o assunto tratado. Veja como exemplo a página de uma cartilha sobre a dengue:

OUTROS CUIDADOS QUE VOCÊ DEVE TOMAR PARA A DENGUE NÃO TE PEGAR:

1. Não acumule materiais descartáveis desnecessários e sem uso. Se forem destinados à reciclagem, guarde-os sempre em local coberto e abrigados da chuva.

2. Trate adequadamente a piscina com cloro. Se ela não estiver em uso, esvazie-a completamente, não deixando poças d'água. Se tiver lagos, cascatas ou espelhos d'água, mantenha-os limpos ou crie peixes que se alimentem de larvas.

3. Entregue pneus velhos ao serviço de limpeza urbana. Caso precise deles, guarde-os, sem água, em locais cobertos.

4. Verifique se todos os ralos da casa não estão entupidos. Limpe-os pelo menos uma vez por semana e, se não os estiver usando, deixe-os fechados.

5. Guarde as garrafas, baldes ou latas vazias de cabeça para baixo.

6. Lave com escova e sabão as vasilhas de água e de comida de seus animais pelo menos uma vez por semana.

7. Retire a água da bandeja externa da geladeira pelo menos uma vez por semana. Lave a bandeja com sabão.

8. Não deixe acumular água na parte debaixo das torneiras de bebedouros e filtros de água.

www.saude.gov.br
DISQUE SAÚDE 0800 61 1997
Secretarias Estaduais e Municipais de Saúde

Ministério da Saúde

Governo Federal/Ministério da Saúde

Que tal agora você escrever um **texto informativo**? Você pode criar uma cartilha ou um folheto. O importante é que a produção final seja um texto contendo informações sobre determinado tema.

Depois de pronto, seu texto será lido pelos colegas e você conhecerá os textos deles.

Planejando suas ideias

Escolha o tema de seu texto informativo. Ele pode ser sobre cuidados com os animais ou sobre raças de bichos de estimação; pode ser sobre meio ambiente ou reciclagem; pode ser, ainda, sobre uma doença, seus sintomas e como combatê-la. Escolhido o tema, pesquise bastante sobre ele e passe para o papel as informações necessárias para que o leitor fique bem informado sobre o assunto depois de ler seu texto.

Rascunho

Antes de começar a criar seu texto informativo, releia o texto **Dicas para cuidar bem do seu gato**, observando como foi escrito, como começa e como termina. Ele foi separado por tópicos, explicados um a um. Observe também a página da cartilha sobre a dengue.

Escreva seu texto nas páginas de rascunho do **Caderno de produção de texto**.

Revisando suas ideias

Retome os pontos do planejamento e do rascunho para saber se você não se esqueceu de nenhum detalhe do seu texto. Peça ao professor que leia sua produção textual e o oriente em como melhorá-la.

Texto final

Agora reescreva seu texto informativo, fazendo as correções que forem necessárias. Se achar interessante, ilustre seu texto. Use as páginas do **Caderno de produção de texto** para registrar seu texto finalizado.

UNIDADE 3
Histórias de fazer pensar

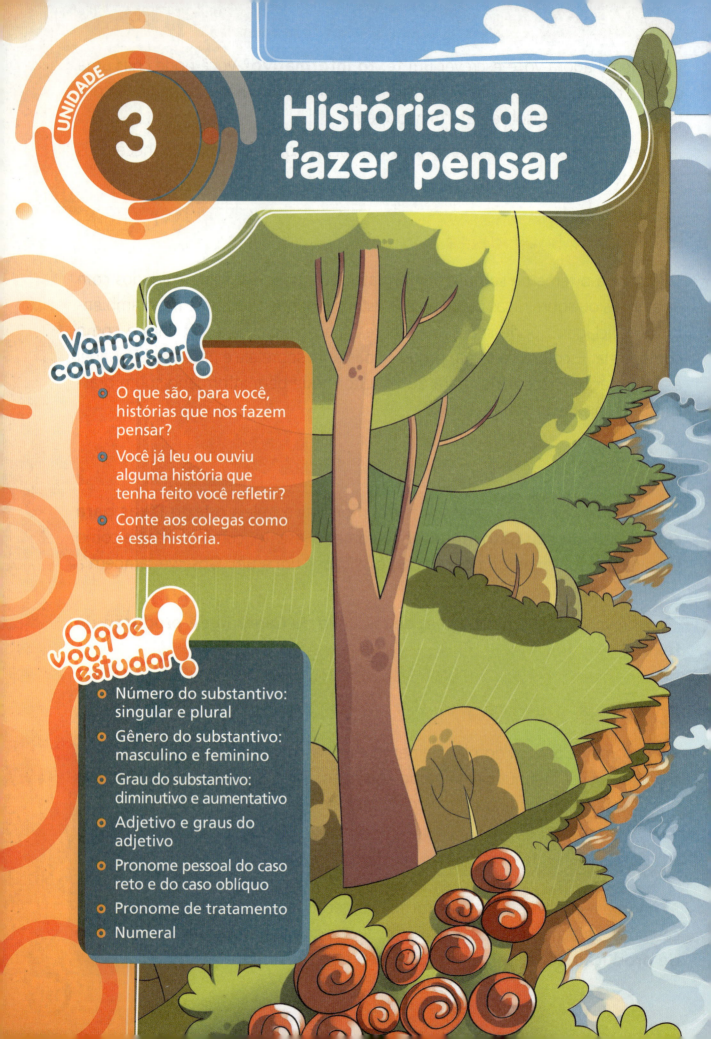

Vamos conversar?

- O que são, para você, histórias que nos fazem pensar?
- Você já leu ou ouviu alguma história que tenha feito você refletir?
- Conte aos colegas como é essa história.

O que vou estudar?

- Número do substantivo: singular e plural
- Gênero do substantivo: masculino e feminino
- Grau do substantivo: diminutivo e aumentativo
- Adjetivo e graus do adjetivo
- Pronome pessoal do caso reto e do caso oblíquo
- Pronome de tratamento
- Numeral

Texto 1
Poesia na varanda

Brotou do chão a poesia
na forma de uma plantinha
espigada, perfumosa,
se abrindo toda pra mim:
mensageiro da alegria,
era um pé de alecrim
que dourou a minha vida...

Passou por mim a poesia
na forma de uma gatinha
amarela, tão macia!,
uma bola peludinha
que chegou bem de mansinho...
Batizei-a de Chiquinha,
fiquei com ela pra mim.

[...]

Gritou no mato a poesia
quando caiu a noitinha:
era um concerto de grilos,
tantos astros em seresta,
pois era dia de festa,
e dentro da boca da noite
cantaram um coro sem fim...
[...]

Cresceu em mim a poesia
na forma de uma tristeza,
um chorinho derramado
no silêncio da varanda.
Veio vindo, foi chegando
— carregada pelo vento? —
e tomou conta de mim.

Caiu do céu a poesia
na forma de uma chuvinha,
pingos grossos, cheiro doce,
que molhou as redondezas,
encharcou os meus cabelos,
inundou a minha vida
e levou minha tristeza.

Sorriu pra mim a poesia
na forma de um amigo
— mão estendida, carinho,
e estar juntos, quentinhos
ou ouvindo, ou contando,
ou rindo e barulhando... —
e abraçou minha vida.

[...]

Agora, sempre que quero
saber cadê a poesia,
dou um pulo na varanda,
me debruço — e espero:
quem sabe se de repente
ela volta e, simplesmente,
vem contar por onde anda...

Poesia na varanda, de Sonia Junqueira. Belo Horizonte: Autêntica, 2012.

espigada: reta, esticada.
seresta: serenata.

Por dentro do texto

1 O texto que você leu é um **poema**. Assinale as alternativas que correspondem às características do texto.

a) O texto está escrito:

○ em versos. ○ em prosa. ○ em quadrinhos.

b) A finalidade desse poema foi:

○ despertar angústia no leitor.

○ despertar raiva no leitor.

○ despertar sensibilidade no leitor.

2 Escreva o título do poema e o nome de quem o escreveu.

....

3 Segundo o texto, em que lugar a menina encontrou a poesia?

....

4 Você sabe a diferença entre **versos** e **estrofes**?

> **Verso** é cada linha do poema.
> **Estrofe** é cada agrupamento de versos.

○ Preencha o quadro abaixo com informações sobre como a autora organizou o poema.

Quantas estrofes tem esse trecho do poema?	
Quantos versos tem esse trecho do poema?	
Todas as estrofes apresentam o mesmo número de versos?	

Texto 1 – Poesia na varanda

5 Qual estrofe deixa claro que a menina vai até a varanda quando quer encontrar poesia?

....

6 A que se referem as palavras destes versos da primeira estrofe?

> "Brotou do chão a poesia
> na forma de uma plantinha."

....

7 Na segunda estrofe a autora diz que a poesia surgiu na forma de uma gatinha.

a) Que nome a gatinha recebeu?

....

b) Quais são as características da gatinha?

....

c) O eu lírico (a autora) já tinha a gatinha? Justifique sua resposta.

....

....

Fique por dentro!
Eu lírico, em um poema, é a voz que expressa o sentimento e o pensamento do poeta.

8 Releia a quarta estrofe do poema e responda: que sentimento a autora experimentou nesse trecho?

....

9 Observe novamente as ilustrações do poema. De qual delas você mais gostou? Por quê?

....

....

Aprendendo gramática

Número do substantivo: singular e plural

Releia esta estrofe do poema.

"Gritou no mato a poesia
quando caiu a noitinha:
era um concerto de grilos,
tantos astros em seresta,
pois era dia de festa,
e dentro da boca da noite
cantaram um coro sem fim..."

Os substantivos podem estar no **singular** ou no **plural**.

Eles estão no singular quando indicam um só elemento. Observe:

"Gritou no **mato** a **poesia**"

E estão no **plural** quando indicam mais de um elemento:

"era um concerto de **grilos**,
tantos **astros** em seresta"

Geralmente formamos o plural acrescentando a letra **s** no fim do substantivo. Veja:

festa	→ festas	presente	→ presentes
noite	→ noites	poesia	→ poesias

Porém, nem sempre basta acrescentar a letra **s** no fim dos substantivos para formar o plural.

Leia nos quadros a seguir a forma singular e a forma plural de alguns substantivos.

Quadro 1

Singular	Plural
tambor	tambores
mês	meses
cruz	cruzes

Quadro 3

Singular	Plural
homem	homens
bombom	bombons
garçom	garçons

Quadro 2

Singular	Plural
animal	animais
pastel	pastéis
lençol	lençóis

Quadro 4

Singular	Plural
irmão	irmãos
botão	botões
pão	pães

1 De acordo com os quadros acima, complete:

a) No quadro **1**, os substantivos no singular terminam em ...., ... e .... Para formar o plural, acrescentou-se ....

b) No quadro **2**, os substantivos no singular terminam em ...., ... e .... Para formar o plural, o .... foi substituído por ....

c) No quadro **3**, os substantivos no singular terminam em .... No plural, essa consoante foi substituída por ....

d) No quadro **4**, os substantivos no singular terminam em .... **Irmão** faz o plural com o acréscimo de ....; em **botão**, a terminação .... é substituída por ....; e em ...., a terminação .... é substituída por ....

2 Passe para o plural as seguintes palavras:

a) eleição: ....
b) grão: ....
c) barril: ....
d) país: ....
e) som: ....
f) cipó: ....
g) mar: ....
h) peru: ....

3 Reescreva as frases a seguir, passando as palavras destacadas para o plural. Faça as adaptações necessárias.

a) Aquele **computador** é caro.

....

b) Que **pastel** gostoso!

....

c) O **jogo** foi emocionante.

....

d) Está na hora do **pão** quentinho!

....

4 Alguns substantivos são usados sempre no plural. Circule-os nas frases abaixo.

a) Onde estão meus óculos?

b) Davi está com dor nas costas.

c) Deram parabéns ao aniversariante.

d) Vamos jogar damas?

e) Júlia sai de férias mês que vem.

Gênero do substantivo: masculino e feminino

Leia a tirinha.

O Natal da Turma do Snoopy, de Charles M. Schulz. São Paulo: Cosac Naify, 2010.

O substantivo pode ser do **gênero masculino** ou do **gênero feminino**.

telhado → gênero masculino
chaminé → gênero feminino

Antes de **substantivo masculino**, podemos usar os artigos **o, os, um, uns**. Exemplo:

"**o Papai Noel**"

Antes de **substantivo feminino**, podemos usar os artigos **a, as, uma, umas**. Exemplo:

"**as** suas **renas**"

1 Escreva os artigos **a** ou **o** antes das palavras abaixo, de acordo com o gênero do substantivo.

a) .... professor   c) .... escritora   e) .... cadeira   g) .... fogão

b) .... aluno   d) .... criança   f) .... casa   h) .... brinquedo

2 Isabela vai visitar um zoológico com a escola. Antes do passeio, o professor pediu à turma que completasse os quadros abaixo com a forma feminina ou a forma masculina de alguns animais. Ajude Isabela a completar os quadros dela.

Forma masculina	Forma feminina
bode	
	gata
	cadela
	égua
carneiro	
	elefanta
leitão	
peru	

Forma masculina	Forma feminina
leão	
	rata
macaco	
	tigresa
	vaca
zangão	
	besta
perdigão	

3 Reescreva as frases passando os substantivos para a forma feminina.

a) Aquele homem é um grande poeta.

....

b) O jovem pai saiu com o filho.

....

4 Leia o texto a seguir e copie nos itens os substantivos destacados. Escreva um artigo antes de cada um deles.

> Eu moro do lado de cá do **rio**. Num **casebre** bem pequeno.
> **Papai** dá um duro danado como catador de papel e **mamãe** cozinha pra fora. No fim do mês sobra pouco dinheiro pra **coisas** do tipo casaco, brinquedo, doce. Mas sempre sobra pra comprar um **livro**, uma **caneta**, um caderno extra. Sim, porque meus pais dizem que **educação** é superimportante. Que é a única coisa que ninguém tira da gente. Eu entendo e faço a minha parte.
>
> **O barquinho**, de Alina Perlman. São Paulo: Ibep, 2011.

- Masculino: ....

....

- Feminino: ....

....

5 Releia uma estrofe do poema **Poesia na varanda**:

> "Caiu do **céu** a **poesia**
> na forma de uma **chuvinha**,
> **pingos** grossos, **cheiro** doce,
> que molhou as **redondezas**,
> encharcou os meus **cabelos**,
> inundou a minha **vida**
> e levou minha **tristeza**."

- Agora distribua as palavras destacadas no texto nas colunas correspondentes.

Substantivos			
Masculino singular	Feminino singular	Masculino plural	Feminino plural
....	....	....	....
....	....	....	....

Texto 1 – Poesia na varanda

Escrevendo certo

● s ou z entre vogais

Pronuncie as palavras abaixo observando o som das sílabas destacadas.

> me**sa**   re**za**

Nessas sílabas, podemos perceber que um mesmo som pode ser representado por consoantes diferentes.

1 Leia o poema em voz alta.

> Vem, vamos falar do **prazer**,
> do bom, no trabalho e **lazer**,
> de coisas **gostosas**,
> alegres, **formosas**,
> tão boas de ver e **fazer**.
>
> Na vida há muita **beleza**,
> amigos, amor, **natureza**,
> há **risos**, sabores,
> há sons e há cores.
> Deixemos pra lá a **tristeza**!
>
> **Limeriques das coisas boas**, de Tatiana Belinky. Belo Horizonte: Formato, 2002.

○ Distribua no quadro abaixo as palavras destacadas no texto.

Palavras com z	Palavras com s (som de z)

2 Forme palavras de acordo com o exemplo.

a) claro: clareza

b) pobre: ....

c) belo: ....

d) frio: ....

e) mole: ....

f) duro: ....

g) limpo: ....

h) certo: ....

i) esperto: ....

j) gentil: ....

3 Escreva o nome das figuras.

4 Reescreva as frases passando as palavras destacadas para o diminutivo. Leia as regras:

> ○ Palavras que têm **s** na última sílaba fazem o diminutivo com **s**.
> ○ Palavras que não têm **s** na última sílaba fazem o diminutivo com **z**.

a) Comprei uma linda **blusa**!

....

b) Você viu meu **irmão**?

....

c) Pegue o **pincel** e o **lápis** na caixa.

....

Texto 1 – Poesia na varanda

d) Na história que li o **anão** salva a **princesa**.

....

e) Tomei **café** e comi **pão** na cantina **portuguesa**.

....

5 Escreva as palavras abaixo na sua forma normal e circule a última sílaba.

a) risinho:	e) amorzinho: ....
b) mulherzinha:	f) brasinha: ....
c) coisinha:	g) brisinha: ....
d) jornalzinho:	h) pastelzinho: ....

o Por que, no diminutivo, algumas das palavras acima são escritas com **s** e outras com **z**? Complete a frase a seguir e descubra a resposta.

Porque as palavras que têm .... na .... fazem o diminutivo com .... e as palavras que não têm **s** na .... fazem o diminutivo com ....

6 O professor vai ditar as frases abaixo. Complete-as com as palavras que faltam.

a) Dona .... costurou sua ....

b) Levei os .... para o ....

c) Marcos comeu um doce ....

d) Que bolo mais .... !

e) O pai sempre foi muito .... com os filhos.

f) Ele é ...., mas muito .... com suas ....

Texto 2 — O pescador e o gênio

Havia uma vez um pescador muito velho e muito pobre, que vivia com sua mulher e seus três filhos. Todos os dias ele jogava sua rede no mar apenas quatro vezes e sempre conseguia colher alguns peixes para seu sustento.

Mas houve um dia em que ele jogou a rede por três vezes, sempre clamando o nome de Deus, e das três vezes só conseguiu retirar das águas um burro morto, um pote velho e algumas garrafas. Na quarta vez em que jogou sua rede sentiu que ela tinha ficado presa no fundo. Com dificuldade conseguiu retirar a rede e viu que ela trazia uma garrafa de boca larga, de cobre dourado e que estava fechada com chumbo e trazia o selo do grande rei Salomão.

O pescador se alegrou, pois pensou que poderia vender a garrafa por um bom preço. Mas, sentindo que ela estava muito pesada, resolveu abri-la para ver o que continha.

Com sua faca forçou o chumbo, virou a garrafa para baixo e agitou-a para ver o que ia sair. Mas não saiu nada. O pescador colocou-a na areia e então começou a sair de dentro dela uma fumaça, que foi se avolumando até chegar às nuvens e foi tomando a forma de um gigante, que o pescador percebeu logo que era um gênio.

Morto de medo, ele começou a tremer.

E tinha razão para ter medo, porque o gênio saudou-o e disse:

— Alegra-te, pescador, que vais morrer e podes escolher de que maneira!

O pescador, apavorado, tentou acalmar o gênio:

— Mas por que queres me matar, se fui eu que te tirei do fundo do mar, fui eu que te tirei de dentro desta garrafa onde estavas preso?

O gênio então contou ao pescador a sua história.

Há mil e oitocentos anos, no tempo do rei Salomão, ele, o gênio, se havia revoltado contra o rei e, como castigo, havia sido preso nesta garrafa e atirado no fundo do mar.

Durante cem anos ele havia jurado que faria rico para sempre aquele que o libertasse.

Cem anos se passaram e o gênio permaneceu na garrafa.

Durante mais cem anos o gênio jurou:

— Darei a quem me libertar todos os tesouros da terra.

Cem anos se passaram e o gênio continuou prisioneiro da garrafa.

Encolerizado, ele tornou a jurar:

— Agora, se for libertado, matarei aquele que me soltar e deixarei que ele escolha como quer morrer.

O pescador implorou de todas as formas que o gênio o perdoasse, pois, dizia ele, "desta maneira, encontrarás quem te perdoe".

Mas o gênio não se deixou comover.

Aí o pescador teve uma ideia:

— Já que eu vou morrer mesmo, quero que me respondas a uma pergunta. Como é possível que estivesses dentro da garrafa, sendo tão grande como és? Não posso acreditar nisso, a não ser que veja com meus próprios olhos.

O gênio, desafiado, converteu-se novamente em fumaça e pouco a pouco foi entrando na garrafa.

Quando o pescador viu que ele estava inteirinho lá dentro, mais do que depressa fechou a garrafa com o selo. E disse ao gênio:

— Vou jogar-te de volta ao mar e vou construir uma casa aqui. Toda vez que alguém vier pescar vou avisá-lo para que não te liberte. Desta maneira, enquanto eu for vivo, não sairás de dentro desta garrafa.

O gênio então lamentou-se e implorou ao pescador que o perdoasse. Mas o pescador respondeu:

— Eu também te pedi que me perdoasses, que alguém te perdoaria. Mas assim mesmo quiseste me matar.

O gênio jurou que não lhe faria mal e que lhe daria meios para que vivesse com fartura o resto de seus dias, se o deixasse sair.

O pescador se convenceu e libertou o gênio, que lhe mostrou uma lagoa rica de grandes peixes, onde o pescador pôde pescar o resto de sua vida.

comover: causar ou sentir pena, afeto.
encolerizado: com muita raiva.
sustento: satisfação das necessidades básicas para a sobrevivência (como alimentação).

Histórias das mil e uma noites, de Ruth Rocha. São Paulo: Salamandra, 2010.

Ruth Rocha nasceu em 1931 em São Paulo, capital. Em 1967 começou a escrever artigos sobre educação e, depois, em 1969, começou a escrever histórias infantis para revistas. Em 1976 teve seu primeiro livro editado. Publicou mais de cem livros no Brasil e vinte no exterior. Sua obra mais conhecida é **Marcelo, marmelo, martelo**.

Por dentro do texto

1 Quem são os personagens do texto?

....

2 Assinale a alternativa correta.
- No conto **O pescador e o gênio**, o narrador:
  - ◯ narra a história e faz parte dela, é um dos personagens.
  - ◯ narra a história, mas não participa dela.

3 Marque as alternativas que indicam como era o pescador.
- ◯ jovem
- ◯ velho
- ◯ pobre
- ◯ rico

4 O que o pescador fazia sempre?

....

....

5 Releia o trecho a seguir:

> "Mas houve um dia em que ele jogou a rede por três vezes"

- O que o pescador conseguiu pegar na rede nessas três vezes?

....

6 E na quarta vez em que jogou sua rede, o que o pescador conseguiu pegar?

....

7 O que você acha do fato de o pescador jogar a rede poucas vezes no mar? Você, no lugar dele, faria a mesma coisa? Ou jogaria mais vezes e coletaria mais peixes? Por quê? Converse com os colegas.

8 Enquanto estava aprisionado na garrafa, o gênio fez três juramentos. Quais são eles? Complete.

Primeiro juramento:
....
....

Segundo juramento:
....
....

Terceiro juramento:
....
....

9 O gênio cumpriu algum desses juramentos? Por quê?

....
....
....

10 Ao longo da história o pescador e o gênio agem de diferentes maneiras. Assinale no quadro como cada personagem agiu.

Agiu com...	Gênio	Pescador
medo		
desejo de vingança		
raiva		
esperteza		
humildade		

Texto 2 – O pescador e o gênio

Aprendendo gramática

● Grau do substantivo: diminutivo e aumentativo

Observe as ilustrações e leia os substantivos.

Tamanho normal	Tamanho pequeno	Tamanho grande

carro	carrinho	carrão

O substantivo **carro** variou em razão do tamanho de cada elemento. A essa variação de acordo com o tamanho damos o nome de **grau**. Os graus do substantivo são **diminutivo** e **aumentativo**.

> O **grau diminutivo** indica um tamanho menor que o normal.
> O **grau aumentativo** indica um tamanho maior que o normal.

O diminutivo e o aumentativo são usados, principalmente, para dar ideia de tamanho ou intensidade.

Veja os diminutivos e aumentativos de algumas palavras.

Normal	Diminutivo	Aumentativo
animal	animalzinho, animalejo	animalão, animalaço
barca	barquinha	barcaça
boca	boquinha	bocarra, boqueirão
cão	cãozinho	canzarrão
casa	casinha	casarão
chapéu	chapeuzinho	chapelão
corpo	corpinho, corpúsculo	corpanzil, corpaço
gato	gatinho	gatarrão, gatão
homem	homenzinho, hominho	homenzarrão, homão
mulher	mulherinha, mulherzinha	mulherão, mulheraça
muro	murinho	muralha
voz	vozinha	vozeirão

O grau diminutivo e o grau aumentativo são também usados para indicar ideia de carinho, admiração, ironia, desprezo, etc.

Exemplos:

> A mãe carrega seu **filhinho**. (carinho)
> O time da casa marcou um **golaço**! (admiração)
> Nosso time tem jogado um **futebolzinho** nesse campeonato. (ironia)
> Não gosto de sentar com esse **povinho**. (desprezo)

1 Reescreva as frases, colocando os substantivos destacados no grau aumentativo e modificando o que for necessário.

a) Essa **mulher** tem uma **voz** que todos admiram.

....

b) O **homem** abriu a **boca** e gritou.

....

c) O **cão** está atrás do **muro**.

....

d) O **gato** é um **animal** mamífero.

....

2 Complete as frases a seguir com os substantivos do quadro.

> riacho   chuvisco   saleta   olhinhos   palacete

a) O bebê fechou os .... e adormeceu.

b) Vi um sapo na beira de um ....

c) Caiu um .... durante a manhã.

d) A pintura da .... ficou linda!

e) Esta casa parece um ....

Texto 2 – O pescador e o gênio

3 Leia as frases a seguir, prestando atenção nos substantivos no grau aumentativo. Depois assinale o que se pede.

(A) Edu joga um **bolão**. Não há jogador melhor!

(B) Minha mãe comprou um **bolão** ontem para eu brincar.

a) Na frase **A**, o aumentativo indica:

◯ tamanho. ◯ elogio. ◯ carinho. ◯ desprezo.

b) Na frase **B**, o aumentativo indica:

◯ tamanho. ◯ elogio. ◯ carinho. ◯ desprezo.

4 Faça o mesmo com os substantivos no grau diminutivo. Leia as frases a seguir e, depois, responda ao que se pede.

(A) O pai cuida de seu **nenezinho**.

(B) Meu irmão é aquele **nenezinho**.

(C) Nossa, parece um **nenezinho**! Pare de choramingar!

a) Na frase **A**, o diminutivo indica:

◯ tamanho. ◯ elogio. ◯ carinho. ◯ ironia.

b) Na frase **B**, o diminutivo indica:

◯ tamanho. ◯ elogio. ◯ carinho. ◯ ironia.

c) Na frase **C**, o diminutivo indica:

◯ tamanho. ◯ elogio. ◯ carinho. ◯ ironia.

5 Escreva os substantivos abaixo em sua forma normal.

a) bandeirola: ....

b) fornalha: ....

c) rochedo: ....

d) perninha: ....

e) naviarra: ....

PROCURE EM UM DICIONÁRIO O SIGNIFICADO DAS PALAVRAS QUE VOCÊ NÃO CONHECE.

Escrevendo certo

● **-inho, -zinho**

1 Leia um trecho desta história em quadrinhos.

Cascão, de Mauricio de Sousa. São Paulo: Panini Comics, n. 45, set. 2010.

- Agora complete:

    Pessoalzinho é o diminutivo de ....

    A última sílaba da palavra que você escreveu é ....

2 Leia as informações e escreva as palavras no grau diminutivo.

> - Palavras que não têm **s** na última sílaba fazem o diminutivo com terminação **-zinho** e **-zinha**.
> - Palavras que têm **s** na última sílaba fazem o diminutivo com terminação **-inho** e **-inha**.

a) irmã: ....

b) jornal: ....

c) mesa: ....

d) vaso: ....

e) pé: ....

f) mãe: ....

g) bolsa: ....

h) peso: ....

3 Leia mais um trecho da mesma história em quadrinhos.

Cascão, de Mauricio de Sousa. São Paulo: Panini Comics, n. 45, set. 2010.

a) Reescreva a frase em que aparece uma palavra no grau diminutivo, colocando a palavra em sua forma normal.

....

b) O que essa palavra no diminutivo indica?

◯ tamanho   ◯ elogio   ◯ carinho   ◯ desprezo

Texto 3

Construtor de pontes

Durante o ano, a professora nos contou muitas histórias de paz. Uma das que eu mais gostei foi a seguinte.

"Era uma vez dois compadres muito amigos. Um se chamava Tomás e o outro, Serafim. Cada um morava num sítio que tinha como divisa um rio. Um dia, eles se desentenderam e romperam a amizade. Um não queria mais ver a cara do outro. Compadre Tomás estava com tanta bronca do compadre Serafim que chamou um pedreiro e encarregou-o de levantar um muro bem alto acompanhando o rio, separando as propriedades. Assim não veria mais o compadre Serafim. Passadas as ordens, compadre Tomás disse que viajaria e ficaria uns dias fora. Quando voltasse queria ver o serviço realizado.

— Entendido? — perguntou compadre Tomás.

— Entendido, sim, senhor! — respondeu o pedreiro. — Um muro bem alto, acompanhando o rio, para o senhor nunca mais ver a cara do seu compadre. Nunca mais!

— Isso mesmo — disse ele, partindo em seguida.

O pedreiro imediatamente deu início à tarefa.

Quando compadre Tomás chegou de viagem, o pedreiro apresentou-se e informou que o serviço estava pronto. Mais que depressa, ele quis ver a obra. Acompanhado do pedreiro, foi até o rio. Ao chegar no local, Tomás levou o maior susto. Muito nervoso, aos berros, foi logo dando bronca no pedreiro.

— Eu pedi para construir um muro, e não uma ponte ligando a minha propriedade à do compadre Serafim!

Ilustra Cartoon/Arquivo da editora

O pedreiro, cabisbaixo, ouvia a bronca sem dizer uma única palavra. Naquele mesmo instante, do outro lado, surgiu compadre Serafim, todo alegre. Vendo a ponte, atravessou-a e veio correndo ao encontro do vizinho.

— Compadre Tomás, você construiu uma ponte ligando nossas propriedades para voltarmos a ser amigos, não é mesmo? — e deu-lhe um forte abraço.

Compadre Tomás, totalmente desconcertado e sem saber o que dizer, não teve outra saída senão retribuir o abraço.

Enquanto se abraçavam, compadre Tomás furtivamente deu uma piscadela para o pedreiro, demonstrando ter entendido o recado. E disse, em seguida:

— Desculpe-me pela bronca que lhe dei. Afinal, devo reconhecer que gostei do que fez. Proponho-lhe que fique trabalhando sempre para mim.

Ao que o pedreiro respondeu:

— Sinto muito não poder atendê-lo, senhor Tomás. Devo ir, pois tenho outras pontes a construir..."

A professora concluiu, dizendo: Na história que ouviram, o muro representa nossas barreiras, ou seja, tudo o que nos separa de alguém, enfim, nossas inimizades. A ponte, por sua vez, representa algo que nos liga às pessoas, nossas amizades. Construir uma ponte em vez de um muro significa restabelecer uma amizade, voltar a viver em paz...

Pediu que refletíssemos se dentro de nós também não havia muros nos separando de alguém. Caso houvesse, que tal destruí-los e construir pontes em seu lugar?

Semeando a paz, de Fernando Carraro. São Paulo: FTD, 2008.

cabisbaixo: de cabeça baixa.
desconcertado: sem jeito.
furtivamente: discretamente.

Por dentro do texto

1 Consulte o primeiro parágrafo do texto e complete a frase a seguir.

.... (quando?) a professora contava

.... (o quê?).

2 Como se chamavam os dois amigos da história?

....

3 Qual é a função do rio entre os sítios dos dois compadres?

....

4 Assinale a afirmação correta.
- O texto lido tem a finalidade de:

( ) dar uma informação.   ( ) transmitir um ensinamento.

5 Os compadres eram amigos. O que fez com que eles rompessem a amizade?

....

6 O que você entende da expressão "Um não queria mais ver a cara do outro"? Converse com os colegas e, depois, registre a conclusão a que chegaram.

....

....

7 Assinale as alternativas corretas de acordo com o texto.
- O pedreiro foi chamado para:

( ) construir uma ponte ao longo do rio.

( ) levantar um muro bem alto.

( ) ligar as duas propriedades.

( ) separar as duas propriedades.

Texto 3 – Construtor de pontes

8 Releia este trecho do texto:

> "Ao chegar no local, Tomás levou o maior susto. [...] Naquele mesmo instante, do outro lado, surgiu compadre Serafim, todo alegre."

a) Qual foi o motivo do susto de Tomás?

....

....

b) Qual foi a causa da alegria de Serafim?

....

....

9 Marque a alternativa correta.

- Nessa história, a paz é restabelecida entre os dois compadres quando:

  ◯ Tomás retribui o abraço.

  ◯ o pedreiro constrói a ponte.

  ◯ Serafim vê a ponte.

10 O pedreiro afirma que deve ir, pois tem outras pontes a construir. O que ele quer dizer com isso? Discuta a questão com os colegas e com o professor. Depois, registre a conclusão a que vocês chegaram.

....

....

....

....

11 Segundo a conclusão da professora do texto, o que representa:

a) o muro? ....

b) a ponte? ....

Aprendendo gramática

● Adjetivo

Leia a frase:

> O pedreiro construiu uma ponte **forte**, **segura** e **resistente**.

As palavras **forte**, **segura** e **resistente** representam características da ponte. Elas são chamadas de **adjetivos**.

> **Adjetivo** é a palavra que atribui características, qualidades ao substantivo.

1 Agora leia este trecho do livro **Como treinar o seu dragão** e observe as palavras destacadas.

> [...] O Pesadelo Monstruoso é o **maior** e mais **assustador** de todos os dragões **domésticos**. Demonstrando **incrível** capacidade de voar, são caçadores **magníficos** e guerreiros **temíveis**. Essas criaturas são **selvagens** e difíceis de treinar. Segundo uma lei *viking* não oficial, apenas o chefe ou o filho do chefe podem possuir um dragão desses. [...]
>
> **Como treinar o seu dragão**, de Cressida Cowell. Rio de Janeiro: Intrínseca, 2014.

a) As palavras destacadas referem-se a quais substantivos?

....

....

....

....

....

Texto 3 – Construtor de pontes

b) Como são classificadas as palavras destacadas?

....

c) O que essas palavras indicam a respeito do substantivo?

....

....

2 Releia abaixo a frase do texto **Construtor de pontes**.

> "Compadre Tomás, totalmente **desconcertado** e sem saber o que dizer, não teve outra saída senão retribuir o abraço."

- Agora complete a frase: O adjetivo .... indica o estado emocional de Tomás.

3 Escreva nos quadros, separadamente, os substantivos e os adjetivos abaixo.

flor cheirosa	bonito vestido	fantástica invenção
sapato novo	olhos azuis	roupa rasgada
meia nova	casa verde	poderosa descoberta

Substantivos	Adjetivos

4 Complete as frases a seguir com adjetivos.

a) Quem tem medo é _____.

b) Quem tem coragem é _____.

c) Quem tem bondade é _____.

d) Quem tem felicidade é _____.

5 Substitua as expressões destacadas pelo adjetivo correspondente. Siga o exemplo.

a) Jardim **com flores**. *Jardim florido.*

b) Prova **do mês**. _____

c) Amor **de mãe**. _____

d) Viagem **por mar**. _____

e) Bandeira **do Brasil**. _____

6 Leia um trecho das aventuras de Tom Sawyer e circule os adjetivos.

> Era sábado de manhã e o verão estava luminoso.
>
> Tom atravessou o portão carregando uma lata de tinta branca e uma enorme brocha. A alegria abandonou seu coração. "Trinta metros de uma cerca tão alta para pintar!" pensou. Enquanto começava a pintar a primeira tábua numa extremidade e olhava para a cerca ainda por pintar, começou a pensar que logo os outros meninos iam passar, a caminho de todo tipo de diversões. Na certa iriam caçoar dele. Lembrou das coisas que tinha nos bolsos: linha de pesca, uns pedaços de barbante, um ou dois brinquedos quebrados, um pedaço de osso — o bastante, talvez, para comprar uns minutos de trabalho, mas que não dariam nem para meia hora de liberdade. Então, neste momento, a grande ideia surgiu! Pegou a brocha e começou a pintar calmamente.
>
> **Ruth Rocha conta Tom Sawyer**, de Ruth Rocha. São Paulo: Moderna, 2011.

Graus do adjetivo

Leia e observe:

> O coqueiro e o abacateiro são **altos**.

A palavra **altos** é um adjetivo.

Vamos comparar a altura do abacateiro, do coqueiro e da casa?

> O coqueiro é **tão alto quanto** o abacateiro.
> O coqueiro é **mais alto que** a casa.
> A casa é **menos alta que** o coqueiro.

Nas frases acima, o adjetivo está no **grau comparativo**.

> Usamos o **grau comparativo** para comparar as características dos seres em geral.

O grau comparativo pode ser:

- **de superioridade** → indicado pelas expressões **mais que** ou **mais do que**;
- **de inferioridade** → indicado pelas expressões **menos que** ou **menos do que**;
- **de igualdade** → indicado pela expressão **tão... quanto**.

Os adjetivos **bom**, **mau**, **grande** e **pequeno** possuem formas diferentes para o grau comparativo de superioridade. Veja:

Adjetivo	Comparativo de superioridade	Exemplo
bom	melhor	Aquele estojo é **melhor que** o seu.
mau	pior	Este doce é **pior que** aquele.
grande	maior	O meu lápis é **maior que** o seu.
pequeno	menor	João é **menor que** Sandro.

Observe a frase abaixo.

> A classe ficou **muito silenciosa, silenciosíssima,** para ouvir a história contada pela professora.

Silenciosa é o adjetivo na sua forma normal.
Muito silenciosa e **silenciosíssima** estão no **grau superlativo**.

O **grau superlativo** indica que o adjetivo está sendo intensificado.

Veja os superlativos de algumas palavras.

Adjetivo	Superlativo
ágil	agilíssimo
agradável	agradabilíssimo
amigo	amicíssimo
bom	boníssimo
cheio	cheiíssimo
difícil	dificílimo

Adjetivo	Superlativo
doce	dulcíssimo
feliz	felicíssimo
inteligente	inteligentíssimo
mau	malíssimo
novo	novíssimo
veloz	velocíssimo

1. Marque um **X** na coluna correta.

	Grau comparativo de		
	igualdade	superioridade	inferioridade
Paula estuda tanto quanto Ana.			
Edu é menos esperto que seu primo.			
A moto é mais veloz que a bicicleta.			
O gato é menos voraz que a onça.			
Este livro é tão bom quanto aquele.			
O filme de hoje foi mais engraçado que o de ontem.			

2. Coloque o adjetivo **compreensiva** no grau comparativo solicitado.

   a) Sônia é .... Ângela. (inferioridade)

   b) Ângela é .... Sônia. (superioridade)

   c) Sônia é .... Ângela. (igualdade)

3. Reescreva as frases empregando o grau superlativo. Veja o exemplo.

   a) Titia é agradável.

   Titia é muito agradável. Titia é agradabilíssima.

   b) A prova está fácil.

   ....

   c) Eu estou feliz.

   ....

Escrevendo certo

● **ns**

1 Leia este diálogo.

"PAPAI, VOCÊ SABE ONDE ESTÃO OS BOMBONS?"

"VOCÊ COMEU ALGUNS E GUARDOU O RESTANTE NA GAVETA."

○ Circule nos balões de fala as palavras que têm **ns**.

2 Reescreva as frases, passando as palavras destacadas para o plural. Faça as adaptações necessárias.

a) A **viagem** pelo sul do Brasil é muito agradável.

....

b) Comi o **pudim** e o **amendoim** ontem.

....

c) O **jardim** tinha uma área só de **jasmim**.

....

d) Aquela **nuvem** tem o formato de coração.

....

e) O professor entregou o **boletim** ao aluno.

....

○ Agora complete a frase: As palavras terminadas em **m**, quando vão para o **plural**, mudam sua terminação para ....

3 Complete as frases com as palavras do quadro.

| construir | demonstração | transplante |
| instantâneo | transferida | viagens |

a) Vão .... uma casa na praia.

b) O remédio fez efeito ....

c) Foi um sucesso o .... de coração.

d) Vamos mudar de cidade porque minha mãe foi ....

e) Os alunos fizeram uma bela .... de ginástica olímpica.

f) A diretora da empresa fez três .... este mês.

4 Complete a cruzadinha com o singular das palavras do quadro.

aipins   cupins   quindins   garagens   batons   guaxinins

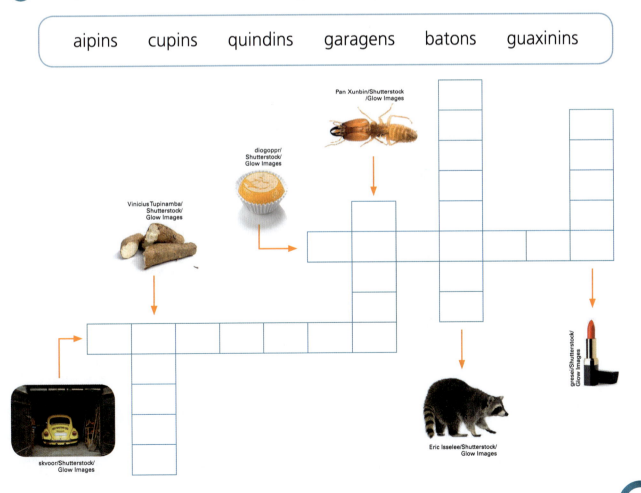

l, u

1 Leia esta tirinha em voz alta, prestando atenção na pronúncia das palavras.

Turma da Mônica, de Mauricio de Sousa. Disponível em: <http://turmadamonica.uol.com.br/tirinhas>.
Acesso em: 25 mar. 2015.

- Responda às questões a seguir.

   a) Quais palavras terminadas em **l** aparecem nessa tirinha?

   ....

   b) Quais palavras terminadas em **u** aparecem nesse mesmo quadrinho?

   ....

2 Forme palavras ligando as sílabas indicadas.

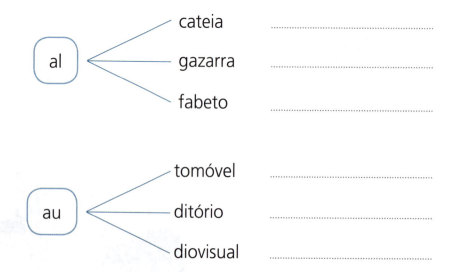

- Escolha três dessas palavras e forme frases com elas em seu caderno.

Texto 3 – Construtor de pontes

3 Pronuncie em voz alta as palavras do quadro, prestando atenção no som da última letra.

> chapéu   pedal   degrau   sentiu   farol   caracol

- Nessas palavras, as letras **l** e **u** têm:

  ◯ sons diferentes.   ◯ o mesmo som.

4 Observe as ilustrações do quadro e escreva o substantivo que representa cada uma delas nas definições abaixo. Veja o exemplo.

a) Publicação diária com notícias: jornal

b) Pequeno cilindro no qual se enrola linha: ....

c) Argola que enfeita o dedo: ....

d) Instrumento utilizado para pintar: ....

e) Ponto cardeal em posição oposta ao norte: ....

- O que essas palavras têm em comum?

....

5 Complete as palavras com **l** ou **u**.

A iguana tem uma grande ca......da.

A ca......da do bolo é de chocolate.

Texto 4 — A panela mágica

Pedro Malasartes, quando chegou a um pequeno povoado, estava faminto e tudo que tinha eram umas poucas batatas. "Fazer o quê?", resignava-se. O jeito era cozinhá-las numa panelinha toda estropiada que levava no saco que sempre carregava em suas andanças mundo afora.

O problema é que Malasartes andava sem tostão algum e precisava de dinheiro para continuar seguindo viagem. Como que providencialmente, enquanto cozinhava suas batatas, Pedro percebeu que ao longe vinham dois homens a cavalo. Um deles era um senhor gordo e moleirão, e o outro era magro e forte.

Pensou numa ideia para conseguir algum dinheiro daqueles dois homens. Foi correndo apagar a fogueira com terra. Depois pegou a panelinha e levou-a até o meio da estrada. Os dois homens logo se aproximaram.

Pedro fazia gestos por sobre a panelinha, proferindo umas palavras sem sentido algum.

— Batata e lagartixa, panela que espicha; de repente, de repente, a panela fica quente!

Curioso, o homem gordo perguntou a Pedro:

— Que é isso, rapaz, está ficando louco?

— Hã? Oh, vocês dois... — disse Malasartes, fingindo levar um susto. — Não havia reparado em vocês. Estou preparando meu jantar.

— Mas como, sem fogo?
— É que esta panela é mágica.
Os dois caíram na gargalhada.
— Mágica! Rá, rá, rá! Batata e lagartixa! Rá, rá, rá!
— Vocês não acreditam? Pois toquem na panela.
— Aiii! — exclamou o magro, que quase se queimou. — Está quente!
— Eu não disse que minha panela é mágica? — desdenhou Malasartes. — Com ela, não preciso acender fogueira. Assim, não perco tempo procurando gravetos nem gasto meu dinheiro com fósforos.

Ganancioso e interessado no lucro que aquela panela poderia lhe proporcionar, o homem gordo ofereceu cem reais.
— Não está à venda, é herança de família. Meu avô deu a meu pai, que deixou para mim.
— Dou-lhe duzentos.
Malasartes pensava consigo: "Ele caiu na armadilha, mas preciso de mais dinheiro".
— É só isso que você paga por uma panela tão boa quanto esta?
— Está bem, quinhentos.
— Hum...
— Tá, tá, mil e não se fala mais nisso.
— Fechado.

Ilustra Cartoon/Arquivo da editora

Pedro contou o dinheiro e viu que estava certa a quantia. Os homens se despediram e se foram sorrindo, contentes por realizar tão bom negócio. Mal deram as costas, Malasartes caiu na gargalhada. Nisso, os homens retornaram. Pareciam apressados em ir ao encontro de Malasartes, que ficou gelado de medo.

— Ufa, ainda bem que você ainda está aqui! Diga-nos: qual é mesmo aquela fórmula mágica?

Pedro sentiu um profundo alívio por dentro. "Mas como é mesmo a fórmula? Ah, já sei!"

— É assim: Panela, panelinha, parece uma caçambinha; para ficar quente é só dar uma sambadinha!

Os dois homens estranharam aquelas palavras, diferentes daquela primeira fórmula, mas aceitaram e seguiram viagem. Malasartes tornou a rir, imaginando os dois, o gordo e o magro, dançando em frente à panela. Quando descobrissem a farsa, Pedro Malasartes estaria bem longe dali, com cavalo, roupas novas e comida à beça!

desdenhou: desprezou.
estropiada: desgastada, destruída, deformada.
proferindo: pronunciando em voz alta.
resignava-se: aceitava, sem revolta, os sofrimentos.
tostão: moeda brasileira antiga.

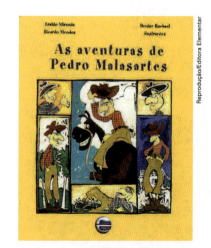

As aventuras de Pedro Malasartes,
de Eraldo Miranda e Ricardo Mendes.
São Paulo: Elementar, 2008.

Por dentro do texto

1 Quais são os personagens da história?

....

2 Assinale a resposta correta sobre esse texto.

◯ O narrador participa da história.

◯ O narrador somente conta a história.

3 Como Pedro Malasartes estava ao chegar ao povoado?

....

4 O que ele fez para resolver esse problema?

....

....

5 Pedro Malasartes tinha ainda outro problema. Qual era?

....

....

6 Releia a seguinte frase.

> "Como que **providencialmente**, enquanto cozinhava suas batatas"

- Agora assinale o significado da palavra destacada.

◯ Com cautela.   ◯ Com espanto.   ◯ De modo oportuno.

7 Como são descritos os dois homens que vinham a cavalo?

....

....

8 A ideia que Pedro teve ao avistar os dois homens foi:

◯ vender a eles uma panela que cozinhava sozinha.

◯ preparar o seu jantar.

◯ dizer palavras mágicas para esquentar a panela.

9 Quanto Pedro Malasartes conseguiu pela panela?

....

10 Assinale as características mais marcantes de Pedro Malasartes no conto que você leu:

◯ inteligente, trapalhão, herói.

◯ malandro, esperto, arteiro.

◯ corajoso, malandro, bondoso.

11 Escreva com suas palavras como Pedro Malasartes conseguiu enganar os dois homens.

Texto 4 – A panela mágica

Aprendendo gramática

Pronome pessoal do caso reto

Releia este trecho do texto e observe a palavra destacada.

> "— Eu não disse que minha panela é mágica? — desdenhou Malasartes. — Com **ela**, não preciso de fogueira."

A palavra **ela** está substituindo o substantivo **panela**.

A palavra que usamos no lugar de um substantivo (nome) é chamada de **pronome**.

1 Leia o poema e circule a palavra a que se refere o pronome **ela**.

Canto

Na minha janela
pousou rapidinho
um passarinho.
Da sua passagem
caiu uma pena.
Escrevi com **ela**
este poema.

Canto, de Elza Beatriz. **Poemas que escolhi para as crianças**. Seleção de Ruth Rocha. São Paulo: Moderna, 2013.

Há vários tipos de pronomes. Um deles é o **pronome pessoal**. Os pronomes pessoais indicam uma das pessoas do discurso. Veja:

- **Primeira pessoa** — aquela que fala: **eu** (singular) e **nós** (plural).
- **Segunda pessoa** — aquela com quem se fala: **tu/você** (singular) e **vós/vocês** (plural).
- **Terceira pessoa** — aquela de quem se fala: **ele/ela** (singular) e **eles/elas** (plural).

2 Observe as ilustrações e complete com os pronomes.

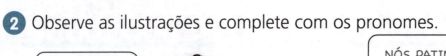

.... — Primeira pessoa do singular

.... — Primeira pessoa do plural

.... — Segunda pessoa do singular

.... — Segunda pessoa do plural

.... — Terceira pessoa do singular

.... — Terceira pessoa do plural

Os pronomes **eu**, **tu**, **ele/ela**; **nós**, **vós**, **eles/elas** são chamados de **pronomes pessoais do caso reto**.

Texto 4 – A panela mágica

3 Complete as frases com pronomes pessoais do caso reto.

a) Maria e Marcelo são irmãos. .... se parecem muito.

b) Carla saiu apressada. .... quase perdeu a hora da aula.

c) Bruno e eu fomos ao parque. .... nos divertimos muito.

4 O texto a seguir tem algumas repetições. Para eliminá-las, reescreva o texto, substituindo as palavras destacadas por pronomes pessoais do caso reto.

> Meu irmão, minha mãe e eu saímos cedinho para ir à praia. O dia estava lindo, fazia um tremendo sol! Mas quando **meu irmão, minha mãe e eu** chegamos à praia, estava a maior chuva e tivemos de voltar, pois parecia que a **chuva** não ia mesmo parar.

5 Reescreva as frases, substituindo os pronomes pessoais do caso reto por palavras que os representam. Veja o exemplo.

a) **Ela** é uma grande fã sua!

Carla é uma grande fã sua!

b) **Nós** ligaremos para ele amanhã.

c) **Eles** são os melhores alunos do colégio.

d) **Elas** são muito amigas, mas não têm a mesma opinião sobre **ele**.

6 Leia o texto abaixo e preencha os espaços com pronomes pessoais. Consulte o quadro e escolha o pronome adequado.

> eu   tu (você)   ele/ela   nós   vós (vocês)   eles/elas

A cabra e o jumento

Um homem criava uma cabra e um jumento. A cabra ficou com ciúme do jumento por causa da quantidade de comida que este recebia.

— .... pena o dia inteiro girando a mó, carregando fardos pesados — disse ....

E a cabra aconselhou o jumento a simular uma crise [...], cair num buraco e finalmente descansar um pouco.

.... confiou nela, se jogou... E se quebrou todo! Seu dono chamou um médico e pediu ajuda a ....

— Faça uma infusão com um pulmão de cabra e dê ao jumento: .... recuperará a saúde — disse o médico.

Então .... sacrificaram a cabra e puderam curar o jumento.

Quem concebe armadilhas para os outros se torna o causador de seus próprios males.

Fábulas de Esopo, de Jean-Philippe Mogenet. São Paulo: Companhia das Letrinhas, 2013.

fardos: cargas volumosas e pesadas que se destinam ao transporte.
infusão: ato de mergulhar uma substância em água fervente para dela extrair alimento ou medicamento.
mó: pedra de moinho usada para triturar os grãos.

7 Assinale a quem se referem as palavras destacadas abaixo.

a) "**Você** pena o dia inteiro girando a mó, carregando fardos pesados — disse **ela**."

○ homem e jumento   ○ cabra e jumento   ○ jumento e cabra

b) "**Ele** confiou nela, se jogou... E se quebrou todo! Seu dono chamou um médico e pediu ajuda a **ele**."

○ jumento e médico   ○ médico e jumento   ○ jumento e dono

Texto 4 – A panela mágica

Saiba mais

Você sabia que antigamente o pronome "você" era "vossa mercê"?

Em Portugal, o pronome "vós" era utilizado como tratamento direto à pessoa a quem se dirigia a palavra. Um modo de tratamento utilizado para dirigir-se a pessoas que ocupavam altos cargos na nobreza era o pronome "vossa mercê".

Ao chegar às colônias, como o Brasil, o uso de "vossa mercê" acabou se vulgarizando, sendo empregado não só para pessoas da nobreza, mas também para ocupantes de certos cargos públicos.

"Vossa mercê" acabou evoluindo para "vosmecê" e, por fim, para "você", como é hoje.

Veja a seguir, neste texto escrito por volta de 1605, como o pronome vossa mercê era usado. Trata-se de um trecho do livro **Dom Quixote de La Mancha**.

Contou D. Quixote, por miúdo, todos os sucessos do governo de Sancho, com o que divertiu muito os ouvintes. Levantada a mesa e tomando D. Antônio a D. Quixote pela mão, entrou com ele num apartado aposento, onde não havia outro adorno senão uma mesa de um pé só, que parecia toda de jaspe, em cima da qual estava posta uma cabeça, que parecia de bronze, em busto, como as dos imperadores romanos. Passou D. Antônio com D. Quixote por todo o aposento, rodeando muitas vezes a mesa; e depois disse:

— Agora, senhor D. Quixote, que sei que ninguém nos escuta e que está fechada a porta, quero contar a Vossa Mercê uma das mais raras aventuras ou, para melhor dizer, das mais raras novidades que imaginar-se podem, com a condição de que Vossa Mercê há-de encerrar o que eu lhe disser nos mais recônditos recessos do segredo.

— Assim o juro — respondeu D. Quixote — e ponho-lhe uma pedra em cima, para mais segurança; porque quero que Vossa Mercê saiba, senhor D. Antônio, que está falando com quem, apesar de ter ouvidos para ouvir, não tem língua para falar: portanto, pode, com segurança, trasladar o que tem no seu peito para o meu e fazer de conta que o arrojou aos abismos do silêncio.

— Fiado nessa promessa — respondeu D. Antônio — quero que Vossa Mercê se admire do que vai ver e ouvir e que me dê a mim algum alívio da pena que me causa não ter a quem comunicar os meus segredos, que não se podem dizer a todos.

Dom Quixote de La Mancha, de Miguel de Cervantes. Tradução de Viscondes de Castilho. Canadá: Aegitas, 2015.

Escrevendo certo

● lh, li

1 Leia o texto a seguir e observe as palavras grifadas.

Debulhando folhas

Os dinossauros saurópodes eram os maiores de todos, mas tinham as menores bocas.

As <u>folhas</u> e brotos que os saurópodes comiam não rendiam muita energia. Como eram tão grandes, os saurópodes tinham que comer enormes quantidades de comida diariamente para sobreviver.

Acredita-se que os saurópodes não mastigavam a comida. Eles arrancavam bocadas de folhas e as <u>engoliam</u> imediatamente. Os saurópodes engoliam pedras que eram movidas pelos músculos do estômago para triturar as folhas e <u>galhos</u>.

Dinossauros em ação: desvende os segredos por trás dos fósseis dos dinossauros, de Rupert Matthews. São Paulo: Ciranda Cultural, 2008.

a) Copie as palavras grifadas no texto nos itens adequados.

○ lh:
....

○ li:
....

b) Leia essas palavras em voz alta. O que você observou?

....

2 Complete as palavras com **lh** ou **li**.

a) Esqueci de fazer o cabeça.............o no meu caderno.

b) Ontem comemos mi.............o assado.

c) Com o prêmio, ele ficou mi.............onário.

d) A alça da sandá.............a da menina arrebentou.

Texto 4 – A panela mágica

3 Complete as palavras com **l** ou **lh** e copie-as ao lado.

l

te......a ....
ga......o ....
bo......a ....
fi......a ....
mo......a ....
ve......a ....

lh

te......a ....
ga......o ....
bo......a ....
fi......a ....
mo......a ....
ve......a ....

a) Releia as palavras em voz alta, prestando atenção na diferença de som e de significado. Converse com o professor e os colegas sobre o significado de cada palavra.

b) Escolha duas palavras de cada quadro e crie frases com elas.

....
....

4 Reúna-se com alguns colegas para receber, em segredo, uma orientação do professor. Ouçam as palavras ditas por ele e só escrevam as que se adequarem ao "segredo".

O tema é...
Esperteza ou desonestidade?

Com a intenção de ter alguma vantagem, muita gente acredita que vale a pena mentir ou enganar outras pessoas, alegando que foram mais espertas. Nem todo mundo concorda que é vantajoso enganar alguém, mas ninguém tem dúvida de que é horrível ser enganado.

O ilusionista, de Hieronymus Bosch (1426-1520).

- Qual atitude desonesta você consegue observar na cena?
- O que você acha dessa atitude?

OFERTA!

Hoje em dia, muitas empresas fazem anúncios exagerados de seus serviços ou produtos, como se eles tivessem mais qualidades do que realmente têm. Você já se sentiu enganado ao obter um produto que tinha visto em uma propaganda e depois ter percebido que ele não era como no anúncio?

APROVEITE!

Em campeonato de esgrima, garoto recebe ponto injustamente e avisa juiz

DE SÃO PAULO
06/09/2014

Guilherme Murray tem 12 anos e treina esgrima desde 2010. Foi no mês passado, no entanto, que seu nome ficou conhecido. No Campeonato Pan-Americano de Esgrima, em Aruba, o árbitro marcou um ponto decisivo para Guilherme, classificando-o para a próxima fase. Mas o juiz havia se confundido, e o menino avisou que não havia tocado no adversário, do Peru. O ponto foi revertido para o oponente, e Guilherme saiu do campeonato.

[...]

Disponível em: <www1.folha.uol.com.br/folhinha/2014/09/1510862-em-campeonato-de-esgrima-garoto-recebe-ponto-injustamente-e-avisa-juiz.shtml>. Acesso em: 27 abr. 2015.

Guilherme Murray em 2014.

- Você acha que o menino agiu corretamente ao avisar que não havia feito o ponto da vitória? Por quê?
- Para você, é válido vencer uma disputa enganando o adversário? Por quê?

Mentira tem perna curta? Leia outros ditados populares sobre esse tema:

- A mentira corre mais do que a verdade.
- A mentira é como uma bola de neve: quanto mais rola, mais engrossa.
- Às vezes são necessárias muitas mentiras para sustentar uma.
- A mentira só aos mentirosos prejudica.

- Você concorda com esses ditados? Por quê?
- Você acha que há situações em que vale a pena mentir? Quais?

Texto 5 — O menino do dedo verde

Esta é a história de Tistu, um menino que descobriu que tinha um dedo verde. Bastava um toque do seu polegar para que surgissem plantas e flores onde quer que ele encostasse. Ele decide mudar o mundo apenas com o toque do seu dedo verde. Quer transformar toda a infelicidade e tristeza em esperança e alegria através das flores. Como foi expulso da escola por dormir nas aulas, seus pais decidem educá-lo dentro de casa, sem livros, por meio de observações e experiências. Como aprendizado, em um dos dias, Tistu vai visitar um hospital.

Foi ao visitar o hospital que Tistu ficou conhecendo a menina doente.

O hospital de Mirapólvora, graças à generosidade do Sr. Papai, era um belo hospital, muito grande, muito limpo, e provido de tudo que fosse preciso para cuidar de um doente. As largas janelas deixavam entrar o Sol, e as paredes eram brancas e luzidias. Tistu não achou que o hospital fosse feio; pelo contrário. No entanto ele sentiu... como explicá-lo... ele sentiu que alguma coisa muito triste ali estava escondida.

O Dr. Milmales, diretor do hospital, via-se logo, era um homem muito sábio e muito bondoso. Tistu achou que ele se parecia um pouco com o jardineiro Bigode, um Bigode que não tivesse bigode e que usasse grossos óculos de tartaruga. E Tistu lhe disse o que pensava.

— A semelhança deve decorrer — respondeu o Dr. Milmales — de Bigode e eu termos uma tarefa parecida: ele cuida da vida das flores, eu, da vida das pessoas.

Mas cuidar da vida das pessoas era imensamente mais difícil; Tistu logo o compreendeu, só de ouvir o Dr. Milmales. Ser médico era ==travar== uma batalha ==ininterrupta==. De um lado a doença, sempre a entrar no corpo das pessoas; do outro a saúde, sempre querendo ir embora. E depois, havia mil espécies de doenças e uma única saúde. A doença usava todo tipo de máscara para que não a pudessem reconhecer: um verdadeiro carnaval. Era preciso desmascará-la, desanimá-la, pô-la para fora, e ao mesmo tempo atrair a saúde, segurá-la, impedi-la de fugir.

— Você já esteve doente, Tistu? — perguntou o Dr. Milmales.

— Nunca, doutor.

— Nunca mesmo?

Realmente, o doutor não se lembrava de que o tivessem chamado por causa de Tistu, enquanto Dona Mamãe tinha muitas enxaquecas e o Sr. Papai sofria às vezes do estômago. O criado Cárolo tivera uma bronquite no último inverno. Mas Tistu, nada de nada. Eis um garoto que desde o nascimento não sabia o que fosse varicela, angina, resfriado... Um caso raro de saúde perfeita!

— Eu lhe agradeço muito a lição que me deu, Dr. Milmales; ela me interessa muito — disse Tistu.

O Dr. Milmales mostrou a Tistu a sala onde se preparavam pequenas pílulas cor-de-rosa contra tosse, pomada amarela contra bolhas e pós branquicentos contra febre. Mostrou-lhe a sala onde a gente pode olhar através do corpo de uma pessoa como através de uma janela, para ver onde a doença se escondeu. E mostrou-lhe também a sala com teto de espelho, onde se cura apendicite e tanta coisa que ameaça a vida.

"Se aqui impedem o mal de ir adiante, tudo devia parecer alegre e feliz", pensava Tistu. "Onde estará escondida a tristeza que estou sentindo?..."

O Dr. Milmales abriu a porta do quarto da menininha doente.

— Vou deixar você aqui, Tistu. Venha depois até meu escritório.

Tistu entrou.

— Bom dia — disse ele à menininha doente.

Ela lhe pareceu muito bonita, mas extremamente pálida. Seus cabelos negros se desenrolavam pelo travesseiro. Teria mais ou menos a idade de Tistu.

— Bom dia — respondeu polidamente, sem mover a cabeça.

Seus olhos estavam pregados no teto.

Tistu sentou-se perto da cama, com o chapéu branco sobre os joelhos.

— O Dr. Milmales me disse que as suas pernas não andavam. Será que já melhorou no hospital?

— Não — respondeu a menina, sempre muito polida — mas isso não tem importância.

— Por quê? — perguntou Tistu.

— Porque não tenho lugar nenhum para ir.

— Pois eu tenho um jardim — disse Tistu, para dizer qualquer coisa.

— Você tem muita sorte. Se eu tivesse um jardim, talvez sentisse vontade de sarar para passear entre as flores.

Tistu compreendeu que a tristeza do hospital estava escondida nesse quarto, na cabeça da menina. Ele também estava ficando muito triste.

— Você recebe visitas?

— Muitas. De manhã, antes do almoço, a Irmã Termômetro. Depois vem o Dr. Milmales; ele é muito bonzinho, conversa comigo e me faz um agrado. À hora do almoço, chega a Irmã Pílula. Depois, com a merenda, entra a Irmã Injeção Que Dói. E, por fim, vem um moço de branco, que acha que as minhas pernas estão melhor. Amarra uma cordinha em cada uma para que elas possam mover-se. Todos eles dizem que eu vou sarar. Mas eu prefiro ficar olhando o teto, que não me prega mentiras.

Enquanto ela falava, Tistu se tinha levantado e entrara rapidamente em ação em torno da cama.

"Para esta menina sarar", pensava ele, "é preciso que ela deseje ver o dia seguinte. Uma flor, com sua maneira de abrir-se, de improvisar surpresas, poderia talvez ajudá-la... Uma flor que cresce é uma verdadeira adivinhação, que recomeça cada manhã. Um dia ela entreabre um botão, num outro desfralda uma folha mais verde que uma rã, num outro desenrola uma pétala... Talvez esta menina esqueça a doença, esperando cada dia uma surpresa..."

O polegar de Tistu não tinha descanso.

— Pois eu acho que você vai sarar — disse ele.

— Você também acha?

— Acho sim. Tenho certeza. Até logo!

— Até logo! — respondeu polidamente a menina doente. — Você tem a sorte de ter um jardim...

O Dr. Milmales esperava Tistu atrás de sua grande mesa niquelada, repleta de livros.

— Então, Tistu — perguntou ele —, que foi que você aprendeu? Que sabe de medicina?

— Aprendi — respondeu Tistu — que a medicina não pode quase nada contra um coração muito triste. Aprendi que para a gente sarar é preciso ter vontade de viver. Doutor, será que não existem pílulas de esperança?

O Dr. Milmales ficou espantado com tanta sabedoria num garoto tão pequeno.

— Você aprendeu sozinho a primeira coisa que um médico deve saber.

— E qual é a segunda, doutor?

— É que para cuidar direito dos homens é preciso amá-los bastante.

Ele deu um punhado de caramelos a Tistu e pôs uma boa nota em seu caderno.

Mas o Dr. Milmales ficou ainda mais espantado no dia seguinte, quando entrou no quarto da menina.

Ela sorria: tinha despertado em pleno campo.

Narcisos brotavam em torno à mesa de cabeceira, os cobertores eram um edredom de pervincas, a grama crescia no tapete. E finalmente a flor, a flor em que Tistu se desvelara, uma esplêndida rosa, que não parava de se transformar, de abrir uma folha ou um botão, e que subia pela cabeceira da cama, ao longo do travesseiro. A menina já não olhava o teto; ela contemplava a flor.

De noite suas pernas começaram a mover-se. A vida era boa.

O menino do dedo verde, de Maurice Druon. Tradução de Marcos Barbosa. Rio de Janeiro: José Olympio, 2010.

decorrer: ocorrer, acontecer.
desfralda: abre, desprega.
desvelara: colocara à vista.
ininterrupta: contínua, sem interrupção.
luzidias: lustrosas, brilhantes.
niquelada: coberta com uma camada de níquel.
pervincas: plantas nativas da Europa, de flores azuis, róseas ou brancas.
polidamente: de modo educado.
provido: abastecido, que tem o necessário.
travar: começar.

Por dentro do texto

1 Os pais de Tistu, personagem do texto que você leu, decidiram que a educação do menino seria feita por meio de suas próprias experiências e observações.

a) Em que lugar Tistu conhece a menina doente?

_____

b) O que mais despertou a atenção de Tistu naquele ambiente?

_____

_____

2 Quem é o Dr. Milmales? Com quem Tistu achou que ele se parecia?

_____

_____

3 De acordo com o Dr. Milmales, em que a tarefa do médico se assemelha à do jardineiro?

_____

_____

4 Leia as frases abaixo e assinale a que demonstra como era a saúde de Tistu.

○ Tinha muitas enxaquecas e resfriados.

○ Era um caso raro de saúde perfeita.

5 Releia este trecho:

> " — Eu lhe agradeço muito a lição que me deu, Dr. Milmales"

a) Quem disse essas palavras?

_____

b) A lição a que o menino se refere é:

○ cuidar da vida das flores é a mesma coisa que cuidar da vida das pessoas.

○ cuidar da vida das pessoas é imensamente mais difícil.

6 Releia este pensamento de Tistu:

> "'Se aqui impedem o mal de ir adiante, tudo devia parecer alegre e feliz', pensava Tistu. 'Onde estará escondida a tristeza que estou sentindo?...'"

a) Na sua opinião, por que Tistu pensava dessa forma?

....

....

b) Onde Tistu encontrou a tristeza escondida?

....

7 Por que a menina achava que Tistu tinha muita sorte?

....

8 O que a menina faria se ela também tivesse um jardim?

....

....

9 Você já sabe que Tistu tem um dom fantástico. Assinale o que Tistu era capaz de fazer.

○ Ele ouvia as pessoas.

○ Ele cuidava de flores.

○ Ele fazia surgir flores e plantas onde tocava com seu dedo.

10 Na opinião de Tistu, o que a menina precisava para sarar?

....

....

....

11 Muitas pessoas visitavam a menina doente. Mas o que ela preferia fazer? Por quê?

....

....

12 Após a visita de Tistu, o que você acha que mudou na vida da menina?

....

....

13 Desenhe como você imagina que ficou o quarto da menina doente depois que Tistu o tocou com seu polegar.

Aprendendo gramática

● Pronome pessoal do caso oblíquo

Leia o diálogo a seguir.

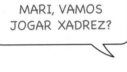
MARI, VAMOS JOGAR XADREZ?

SIM! VOU PEGAR O JOGO!

O menino pega o **jogo**.
O menino pega-**o**.

O menino empresta o jogo **para o amigo**.
O menino empresta-**lhe** o jogo.

As palavras **o** e **lhe** são exemplos de **pronomes pessoais do caso oblíquo**.

Observe o quadro com os pronomes pessoais.

	Caso reto	Caso oblíquo
Primeira pessoa do singular	eu	me, mim, comigo
Segunda pessoa do singular	tu	te, ti, contigo
Terceira pessoa do singular	ele/ela	o, a, lhe, se, si, consigo
Primeira pessoa do plural	nós	nos, conosco
Segunda pessoa do plural	vós	vos, convosco
Terceira pessoa do plural	eles/elas	os, as, lhes, se, si, consigo

Texto 5 – O menino do dedo verde

1) Reescreva as frases substituindo as palavras destacadas por pronomes do caso oblíquo.

a) Peguei o livro e guardei **ele** na mochila.

....

b) Juntei as figurinhas e levei **elas** para a escola.

....

2) Reescreva as frases substituindo as palavras destacadas pelos pronomes **lhe** ou **lhes**.

a) O professor chegou e entreguei **a ele** o livro.

....

b) As crianças estavam com fome. Ofereci **a elas** um lanche.

....

....

3) Os pronomes oblíquos **o**, **a**, **os**, **as** têm também as formas **lo**, **la**, **los**, **las**, **no**, **na**, **nos**, **nas**. Faça como nos exemplos.

amar + o → amá-lo	levam + o → levam-no
amar + a → amá-la	levam + a → levam-na

a) amassar + a: .... d) pegar + os: ....

b) pegam + a: .... e) levantam + a: ....

c) entregar + as: .... f) entregam + os: ....

Se o verbo terminar em **r**, a consoante cai e o pronome assume o modo **lo, la, los, las**.

Se o verbo terminar em **m**, o pronome assume o modo **no, na, nos, nas**.

Pronome de tratamento

Os pronomes de tratamento são palavras ou expressões que usamos quando nos dirigimos a alguém. Veja:

EU ESTAVA COM SAUDADE DE **VOCÊ**!

EU TAMBÉM ESTAVA COM SAUDADE DE **VOCÊ**!

Observe no quadro alguns pronomes de tratamento.

Pronome	Abreviatura	Emprego
senhor	Sr.	usado para homens, geralmente mais velhos
senhora	Sra.	usado para mulheres mais velhas, geralmente casadas
senhorita	Srta.	usado para mulheres solteiras
você	v.	usado para colegas, amigos, conhecidos
Vossa Alteza	V. A.	usado para príncipes, princesas, duques e duquesas
Vossa Excelência	V. Exa. ou V. Ex.ª	usado para autoridades como reitores, juízes de Direito, oficiais generais, deputados, ministros, prefeitos, governadores, presidentes da República e outros
Vossa Majestade	V. M.	usado para reis, rainhas e imperadores
Vossa Santidade	V. S.	usado para líderes religiosos supremos, como o papa e o Dalai Lama
Vossa Senhoria	V. Sa. ou V. S.ª	usado para pessoas que ocupam cargos importantes, como diretores, algumas patentes militares e outras autoridades que não tenham tratamento específico

1 Circule os pronomes pessoais de tratamento nas frases abaixo.

a) Vovô, o senhor não vem conosco?

b) Flávio, você já almoçou?

c) A senhorita deseja alguma coisa?

d) As senhoras vão para a reunião?

2 Numere as frases de acordo com o quadro.

- ① pronome pessoal do caso reto
- ② pronome pessoal do caso oblíquo
- ③ pronome de tratamento

◯ Venha **comigo**.

◯ Dei-**lhe** uma flor.

◯ **Vossa Excelência** gostaria de entrar?

◯ A **senhora** tem hora marcada?

◯ **Sua Santidade**, o papa, esteve no Brasil.

◯ **Nós** sairemos cedinho.

◯ Falou-**nos** sobre o acidente.

◯ **Eu** não quero falar mais sobre isso.

◯ Hoje ainda não **os** vi.

◯ Chamem-**na** assim que eu chegar.

◯ **Vocês** já se conhecem?

◯ Entregue-**lhes** estes documentos.

◯ **Vossa Alteza** assinará o decreto?

◯ **Vossa Excelência** será nomeada deputada.

◯ **Vossa Senhoria** poderia dar-nos uma entrevista?

Escrevendo certo

● **h**

1 Leia estas palavras.

> humor   hospital   higiene   horizonte   Himalaia   homem

a) O que elas têm em comum?

....

b) Você ouviu o som da letra que é comum a todas as palavras? Por quê?

....

....

2 Encontre no diagrama nove palavras que começam com a letra **h**.

H	O	M	E	N	A	G	E	M	A	G
E	R	H	Á	B	I	T	O	T	U	Y
F	E	R	T	H	J	K	L	H	S	N
H	E	L	I	C	Ó	P	T	E	R	O
A	L	H	I	E	N	A	X	R	A	H
R	H	É	L	I	C	E	B	Ó	S	I
P	P	G	H	I	S	T	R	I	H	A
A	H	I	S	T	Ó	R	I	A	D	T
T	H	R	N	I	O	E	V	B	M	O

○ Agora escolha duas dessas palavras e forme frases com elas.

....

....

Texto 5 – O menino do dedo verde

3 Leia o poema a seguir.

Maluquices do H

O H é letra incrível,
muda tudo de repente.
Onde ele se intromete,
tudo fica diferente…
Se você vem pra cá,
vamos juntos tomar chá.
Se o sono aparece,
vem um sonho e se adormece.
Se sai galo do poleiro,
pousa no galho ligeiro.
Se a velha quiser ler,
vai a vela acender.
Se na fila está a avó,
vira filha, veja só!
Se da bolha ele escapar,
uma bola vai virar.
Se o bicho perde o H,
com um bico vai ficar.
Hoje com H se fala,
sem H é uma falha.
Hora escrita sem H,
ora bolas vai virar.
[…]

Mais respeito, eu sou criança!, de Pedro Bandeira. São Paulo: Moderna, 2009.

○ O poema cita algumas palavras que, se dela tirarmos ou a ela acrescentarmos a letra **h**, transformam-se em outras. Escreva essas duplas de palavras.

Texto 6 — Nem tudo o que seu mestre mandar!

Esta é história de uma viagem feita pelo mestre Xang e seus alunos. Durante o percurso, o sábio chinês fará alguns pedidos aos seus companheiros de viagem. Será que eles vão obedecê-lo? Será que eles entenderão o que mestre Xang deseja?

Xang era um sábio chinês. Seus alunos aceitavam seus ensinamentos sem pestanejar:

— Sim, mestre!

— Eu ouço e obedeço, mestre!

Um dia, Xang resolveu fazer uma viagem com três dos seus fiéis alunos. Instalaram-se numa carroça puxada por dois burrinhos e lá se foram: nhec, nhec. Xang, já velhinho, logo sentiu sono. Tirou as sandálias e pediu aos jovens:

— Por favor, me deixem dormir! Fiquem bem quietos!

Dali a pouco roncava. Na primeira curva do caminho, as sandálias dele rolaram pela estrada. Os discípulos nem se mexeram. Quando o mestre acordou, logo as procurou.

— Rolaram pela estrada — disseram.

— E vocês não pararam a carroça? Não fizeram nada?

— Fizemos sim, senhor. Obedecemos: ficamos bem quietos.

— Ai, está bem — conformou-se o mestre. Mas se eu cochilar de novo prestem atenção se alguma coisa cair da carroça, ouviram?

— Ouvimos e obedecemos!

Xang cobriu os pés com uma coberta e adormeceu. Entretanto, no balançar da carroça, a coberta deslizou e lá se foi. O mestre acordou com frio. Mas cadê a coberta? Será que...

— Escorregou pela estrada — confirmaram os três.

— E o que vocês fizeram?

— Fizemos só o que o mestre mandou. Prestamos atenção.

Ilustra Cartoon/Arquivo da editora

— Não! — esbravejou Xang. Vocês tinham de pegar a coberta de volta! Atenção: se eu dormir e alguma coisa cair da carroça, peçam para parar e PONHAM-O--QUE-CAIU-DE-VOLTA-NA-CARROÇA, entendido?

— PERFEITAMENTE!

E a viagem continuou: nhec, nhec. O mestre foi cabeceando e cochilou. Dali a pouco, os jumentos sentiram necessidade de fazer... suas necessidades. Ploft, ploft, ploft, caíram os cocozinhos pelo caminho. Os discípulos mandaram parar a carroça e, com muito cuidado, foram pondo os fedidos pelotinhos para dentro. Aquela agitação fez Xang acordar. Nossa, que cheirinho!

— Esperem! O que estão fazendo?

— Apenas obedecendo! — juraram os três. — Pondo de volta o que caiu da carroça.

— Não, mas isso não!

Ai, com aqueles cabeças-duras, só mesmo muita paciência:

— Está bem, vamos começar de novo. Vou fazer uma lista de tudo o que há na carroça. Se algo cair, verifiquem se está nela. Se não estiver, não peguem de volta, certo?

— Somos pura obediência, ó, mestre!

Xang escreveu a lista. Que canseira! Mas agora podia dormir tranquilo... E a carroça subiu uma estradinha íngreme. Numa curva mais fechada, ops, quem é que caiu dessa vez? O mestre! Ele escorregou e se foi ribanceira abaixo.

— Socorro! — gritou! — Venham me pegar!

Graças aos céus ele conseguiu se agarrar numa raiz do barranco.

— Ei, o que estão esperando? Me ajudem! — chamou.

Mas os discípulos, imperturbáveis, consultavam a lista.

— Seu nome não está escrito aqui — explicaram. — Não podemos pegá-lo, ó, mestre!

Não teve jeito: Xang, com muito esforço, subiu o barranco e voltou para a carroça. Mas não dormiu mais...

Nem tudo o que seu mestre mandar!, de Rosane Pamplona. **Nova Escola**, São Paulo, Abril, n. 32, jul. 2010. Edição especial.

íngreme: muito inclinado.

Por dentro do texto

1 Há quantos personagens nessa história?

....

....

2 Quando Xang pediu a seus alunos que prestassem atenção caso caísse algo da carroça, o que ele esperava que fosse feito?

....

....

....

3 Qual é o país de origem do personagem Xang? Assinale.

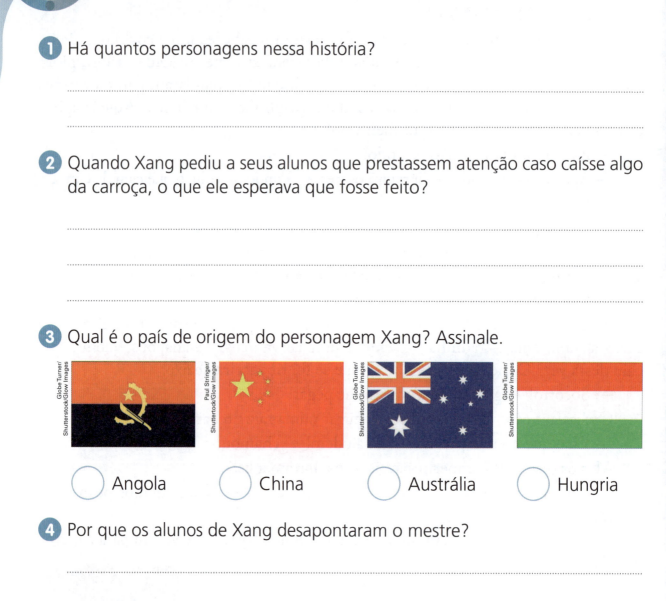

◯ Angola ◯ China ◯ Austrália ◯ Hungria

4 Por que os alunos de Xang desapontaram o mestre?

....

....

....

5 Como você imagina ser o local onde se passa a história? Assinale a imagem que seja mais parecida.

Texto 6 – Nem tudo o que seu mestre mandar!

6 Ao ler a história, como o leitor sabe quando é Xang ou quando é outro personagem que está falando?

....

....

....

7 Por que Xang e seus alunos estavam viajando?

....

....

....

8 Por que, depois de voltar para a carroça, Xang não dormiu mais?

....

....

....

....

....

9 Qual é o maior ensinamento que essa história transmite?

....

....

....

....

10 Se você fosse Xang, que ensinamentos transmitiria a seus alunos?

....

....

....

....

Aprendendo gramática

Numeral

Releia este trecho do texto e observe os numerais destacados.

"Um dia, Xang resolveu fazer uma viagem com **três** dos seus fiéis alunos. Instalaram-se numa carroça puxada por **dois** burrinhos e lá se foram: nhec, nhec."

Numeral é a palavra que indica a quantidade de elementos ou a ordem que eles ocupam em uma série. O numeral pode ser classificado como:

- **Numeral cardinal**: indica uma quantidade.

  Xang viajou com seus **três** alunos.

- **Numeral ordinal**: indica ordem, posição.

  "Na **primeira** curva do caminho, as sandálias dele rolaram pela estrada."

- **Numeral multiplicativo**: indica uma multiplicação de quantidade de elementos.

  Eu tenho o **dobro** da idade de Rita.

- **Numeral fracionário**: indica a divisão de quantidade de elementos.

  Geraldo já comeu **um quarto** do bolo de chocolate e a **metade** da *pizza*.

Veja no quadro alguns numerais.

Cardinal	Ordinal	Multiplicativo	Fracionário
um	primeiro	–	–
dois	segundo	duplo ou dobro	meio
três	terceiro	triplo	terço
quatro	quarto	quádruplo	quarto
cinco	quinto	quíntuplo	quinto
seis	sexto	sêxtuplo	sexto
sete	sétimo	sétuplo	sétimo
oito	oitavo	óctuplo	oitavo
nove	nono	nônuplo	nono
dez	décimo	décuplo	décimo
onze	décimo primeiro	undécuplo	onze avos
doze	décimo segundo	duodécuplo	doze avos
treze	décimo terceiro		
cartorze/quatorze	décimo quarto		
quinze	décimo quinto		
dezesseis	décimo sexto		
dezessete	décimo sétimo		
dezoito	décimo oitavo		
dezenove	décimo nono		
vinte	vigésimo		
trinta	trigésimo		
quarenta	quadragésimo		
cinquenta	quinquagésimo		
sessenta	sexagésimo		
setenta	septuagésimo		
oitenta	octogésimo		
noventa	nonagésimo		
cem	centésimo		

1 Circule os numerais das frases a seguir.

a) Faltam vinte dias para comemorar meu décimo quinto aniversário.

b) Ganhei dois livros e três revistas.

c) Gabriel já tem vinte e três figurinhas e o irmão dele tem o dobro.

d) Já escrevi dezoito poemas. Metade deles é sobre a natureza.

2 As palavras **um** e **uma** podem ser artigo ou numeral. Assinale a frase em que a palavra **uma** é numeral.

◯ Bia doou uma de suas bonecas.

◯ Bia escolheu uma boneca para doar.

3 Leia esta tirinha:

A volta da Mafalda, de Quino. São Paulo: Martins Fontes, 2013.

a) A palavra **uma**, no primeiro quadrinho, é artigo ou numeral? Justifique.

....

....

b) Circule e classifique os numerais do segundo quadrinho.

....

....

c) Escreva por extenso os numerais ordinais referentes aos numerais 9 e 20.

....

4 Numere as frases assim:

> 1) numeral cardinal
> 2) numeral ordinal
> 3) numeral multiplicativo
> 4) numeral fracionário

( ) João comeu **um quarto** do meu chocolate.

( ) Maria ficou em **terceiro** lugar no campeonato de xadrez da escola.

( ) A Independência do Brasil foi proclamada em **mil oitocentos e vinte e dois**.

( ) Marta tem o **dobro** de lápis do que eu tenho.

( ) Tenho **oito** anos.

( ) Aninha é a **décima primeira** na lista de chamada da classe.

5 Observe os numerais na capa desta revista e classifique-os.

As capas da Mônica, n. 1, de Mauricio de Sousa. São Paulo: Panini Comics, 2013.

6 Leia o texto abaixo.

O que foi a Eco-92?

Foi a Conferência das Nações Unidas sobre o Meio Ambiente e o Desenvolvimento, realizada no Rio de Janeiro, em junho de **1992**. Também conhecida como Cúpula da Terra, ela reuniu mais de **100** chefes de Estado para debater formas de desenvolvimento sustentável, um conceito relativamente novo à época. "O primeiro uso do termo é de **1987**, no relatório Brundtland, feito pela ONU. Esse documento norteou as discussões sobre um modelo de crescimento econômico menos consumista e mais preocupado com questões ambientais", explica o geógrafo Fábio Piccinato. As bases para a conferência de 1992 já foram discutidas em **1972**, quando a ONU organizou uma conferência em Estocolmo, na Suécia. A Eco-**92** teve tanta visibilidade e adesão de países que a reunião seguinte, em Joanesburgo, na África do Sul, foi apelidada de Rio+**10**. Entre **13** e **22** de junho do ano **2012**, a Cidade Maravilhosa sediou a Rio+**20**. O objetivo do encontro foi verificar se houve avanços em relação às cúpulas anteriores e o que ainda precisava ser feito para que os países fossem, de fato, sustentáveis.

O que foi a Eco-92?, de Diego Meneghetti. **Mundo Estranho**. São Paulo: Abril, ed. 125, jun. 2012. (Texto adaptado).

Líderes reunidos na Conferência das Nações Unidas sobre Desenvolvimento Sustentável. Rio de Janeiro (RJ), 2012.

Buda Mendes/LatinContent/Getty Images

○ Escreva por extenso os numerais destacados no texto.

Escrevendo certo

mas, mais

Leia a frase abaixo.

> Eu gosto de chocolate cada dia **mais, mas** sei que não posso comer muito.

> **Mais** indica quantidade, intensidade.
> **Mas** indica ideia contrária.

1 Agora leia os balões e complete com **mas** ou **mais**.

PRECISO DE .... DOIS MINUTOS PARA PENSAR.

VOCÊ PODE PENSAR, ... VAI NOS ATRASAR UM POUCO.

NÃO BRIGUE COM ELA! EU TAMBÉM PRECISO DE .... TEMPO.

2 Reescreva as frases a seguir substituindo **mas** por **porém**.

a) Gosto de praia, mas somente pela manhã.

....

b) Você pode ir, mas perderá seu tempo.

....

c) O computador é ótimo, mas não substitui um bom livro.

....

De olho no dicionário

1 Releia este trecho do texto **Nem tudo o que seu mestre mandar!**:

> "Xang era um **sábio chinês**. Seus alunos aceitavam seus **ensinamentos** sem pestanejar"

- Agora veja como as palavras destacadas no texto aparecem no dicionário:

> **sábio** (**sá**.bio) *adj.* **1.** Que sabe muito; que tem profundos conhecimentos (*professor sábio*). *subs. masc.* **2.** Aquele que sabe muito; homem sábio (*o sábio pediu um favor*).
>
> **chinês** (chi.**nês**) *subs. masc.* **1.** Natural ou habitante da China (*o chinês estava com fome*). *adj.* **2.** Relativo à China (*lápis chinês*).
>
> **ensinamento** (en.si.na.**men**.to) *subs. masc.* **1.** Aquilo que serve de lição (*extraiu um grande ensinamento daquela situação*). *subs. masc.* **2.** Conjunto de conhecimentos a serem passados (*os ensinamentos do velho mestre*).
>
> Instituto Antônio Houaiss. **Dicionário Houaiss eletrônico**. Rio de Janeiro: Objetiva, 2009.

2 No dicionário, para economizar espaço, usam-se muitas abreviaturas.
- Quais abreviaturas são usadas nos verbetes acima? O que elas significam?

....

....

....

Fique por dentro!
O verbete indica a classe gramatical da palavra, por exemplo, **adj.**: adjetivo.

3 Leia, a seguir, uma lista com algumas das abreviaturas usadas em verbetes de dicionário.

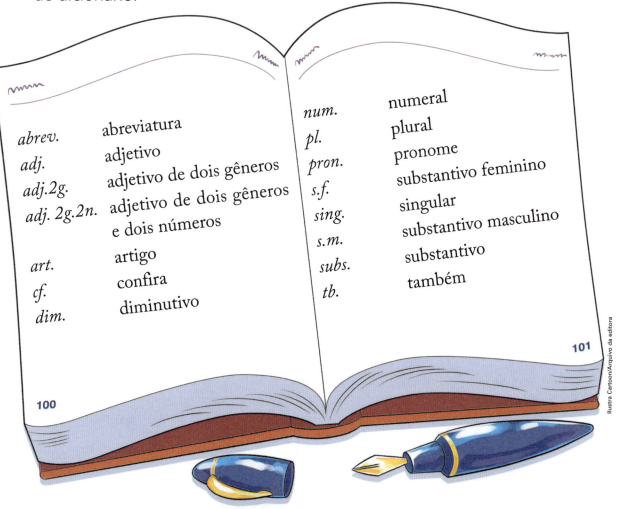

- Agora crie um verbete de dicionário, inserindo as abreviaturas que você aprendeu. Depois, consulte um dicionário e veja se o seu verbete foi corretamente criado.

Ideias em ação

Poema concreto

Nesta Unidade você leu o poema **Poesia na varanda**. Agora você vai conhecer poemas concretos. Esses poemas são principalmente visuais, ou seja, o formato do texto é a principal estrutura deles. Veja alguns exemplos:

Xícara, de Fábio Sexugi.

Luxo/lixo, de Augusto de Campos, 1965.

Que tal agora você criar um **poema concreto**?

Depois de pronto, seu poema será lido e apreciado pelos colegas e você conhecerá os poemas deles.

Planejando suas ideias

Pense no tema de seu poema. Pode ser sobre algum acontecimento importante, algum momento de sua vida, algo de que você goste ou algum sentimento. Escolhido o tema, pense no formato que ele terá e como o texto será distribuído nesse formato. Lembre-se de que o formato de seu poema deve ter relação com o tema.

Rascunho

Antes de começar a criar seu poema, releia os poemas concretos da página anterior. Você também pode pesquisar outros poemas concretos para se inspirar. Lembre-se de que poema é uma composição em versos, com regularidade sonora, ou seja, rimas.

Escreva seu texto nas páginas de rascunho do **Caderno de produção de texto**.

Revisando suas ideias

Retome os pontos do planejamento e do rascunho para saber se você não se esqueceu de nenhum detalhe de seu poema. Peça ao professor que leia sua produção e que o oriente em como melhorá-la.

Texto final

Agora reescreva seu poema, fazendo as correções que forem necessárias. Se achar interessante, use cores diferentes, colagens ou desenhos para ajudar na composição. Use as páginas do **Caderno de produção de texto** para registrar seu texto finalizado.

UNIDADE 4
Por um mundo melhor

Vamos conversar?

- Você consegue perceber as diferenças entre a imagem da esquerda e a da direita? Quais?
- Observando a imagem da direita, quais dessas atitudes você pratica em seu dia a dia?

O que vou estudar?

- Verbo e tempos verbais
- Verbo no infinitivo — conjugações verbais
- Verbo — primeira, segunda e terceira conjugações
- Sujeito e predicado
- Advérbio
- Preposição
- Interjeição

Texto 1

Blog da Julieta

Diário da Julieta 3, de Ziraldo. São Paulo: Globo, 2012.

Por dentro do texto

1 Em que dia da semana Julieta publicou o texto no *blog*?

....

2 Qual é o assunto da publicação de Julieta?

....

3 Julieta gostou da viagem? Transcreva o trecho em que essa pergunta é respondida.

....

4 Na parte de cima da página do *blog*, há alguns "botões" verdes. Escreva abaixo o que você imagina que seja o conteúdo de cada um desses botões.

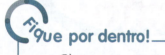

Fique por dentro!

Chama-se **post** ou **publicação** cada conteúdo publicado em um *blog*.

5 Reveja esta imagem.

- Por que ela tem uma seta no centro?

....

....

6 A publicação de Julieta foi comentada por quantas pessoas?

....

7 As duas imagens da lateral esquerda da página do *blog* são:

( ) fotografias da viagem de Julieta.

( ) anúncios publicitários.

( ) páginas recomendadas por Julieta.

8 Você tem ou gostaria de ter um *blog*? Sobre o que ele é ou seria?

....

....

....

....

Aprendendo gramática

● Verbo e tempos verbais

Leia estes quadrinhos e observe as palavras destacadas.

Carol, de Laerte. São Paulo: Noovha América, 2010.

Palavras que indicam ação, como **voltei** e **saiu**, e palavras que indicam estado, como **estava**, são chamadas de **verbos**.

Verbo é a palavra usada para indicar ação, fato, acontecimento, estado ou fenômeno da natureza.

1. Observe os verbos destacados nos balões de fala abaixo. Eles indicam estado ou fenômeno da natureza.

A — ESTOU COM FOME!

B — EU **FIQUEI** FELIZ COM MEU DESEMPENHO NAS PROVAS.

C — EU ME ATRASEI PORQUE **CHOVEU** MUITO PELA MANHÃ.

o Agora complete:

a) Na cena **A**, o verbo .... indica estado.

b) Na fala da cena **B**, o verbo .... indica mudança de estado, ou seja, alteração no comportamento.

c) Já no balão **C**, o verbo .... indica fenômeno da natureza.

2. Atribua aos substantivos destacados algum tipo de ação.

a) Os **meninos** .... cedo.

b) A **jogadora** ....

c) O **filme** ....

d) O **técnico** .... a escalação do time.

3. Escreva a seguir algumas atividades que você realiza durante o dia.

....

....

....

4 Leia o texto a seguir e circule os verbos.

[...]
A mãe da Denise
acredita que
a dificuldade
pode trazer
felicidade!

Sua filha não anda
nem corre, mas dança
na cadeira de rodas
e ensina aos outros
que o sonho
mora na cabeça,
e não nos pés
ou nas mãos.

Criança genial, de Cláudia Cotes. São Paulo: Paulinas, 2007.

5 Qual das frases abaixo indica mudança de estado? Marque com um **X**.

◯ Júlia virou a página.   ◯ Júlia virou à direita.

◯ Júlia virou professora.

6 Assinale a frase em que o verbo indica fenômeno da natureza.

◯ Ontem à tarde garoava.   ◯ Ontem a garoa estava gelada.

◯ Ontem caiu uma forte chuva.

Quando uma frase se organiza em torno de um verbo, ela é chamada de **oração**. Veja:

A aula **acabou** mais cedo.
         └─ verbo

7 Escreva um verbo nos espaços para formar orações.

a) Meu pai _____ legumes grelhados.

b) A equipe azul _____ o campeonato.

c) As meninas _____ atrasadas.

8 Escreva um substantivo ou pronome para cada ação praticada.

a) O .... latiu para o gato da vizinha.

b) As .... gravaram as cenas do próximo filme.

c) Os .... jogaram contra os azuis.

d) .... colheu uma flor do jardim.

e) .... praticaremos esporte todos os dias.

f) .... compra, neste momento, um livro sobre reciclagem.

g) .... gostam de cantar.

O verbo pode se apresentar em três tempos:

Pretérito/passado
A ação já aconteceu.

Presente
A ação está acontecendo ou acontece sempre.

Futuro
A ação vai acontecer.

ontem — hoje — amanhã

9 Reescreva as orações colocando os verbos no futuro.

a) A professora começou a aula mais cedo.

....

b) Renato ganhou patins novos.

....

c) A menina prendeu seus longos cabelos.

....

d) Eles não vieram?

....

10 Releia este comentário do *blog* de Julieta:

Carolnatura disse...
O meio de transporte do futuro é o balão dirigível. Não polui o ar e não faz barulho. #SALVEMOSBICHOS

a) Em que tempo estão os verbos deste trecho?

....

b) Reescreva os verbos no pretérito/passado e no futuro.

Pretérito/passado	Futuro

11 Escolha no quadro o verbo mais adequado para cada lacuna e complete-a. Preste atenção na concordância com os outros termos da oração.

dá	levo	é	vamos	tem
falamos	caminhar	gosto	acompanha	

Passear ao ar livre .... ótimo! Eu .... muito quando ...., de manhã bem cedinho, ... no calçadão da praia. .... meu cachorrinho Pitucho, que .... um trabalho enorme quando .... em voltar para casa. Minha amiga Sofia sempre nos ...., menos quando .... jogo do time dela pela TV.

Escrevendo certo

o, u, ou

1 Leia o poema.

No teto do meu quarto

O **sonho**, para mim,
é um cineminha
que passa no **teto**
do meu **quarto**
quando eu vou dormir.

Mas esta noite
eu tive um sonho mau,
tão mau
que eu **acho** que
deviam proibir
pra menores de **dezoito** anos!

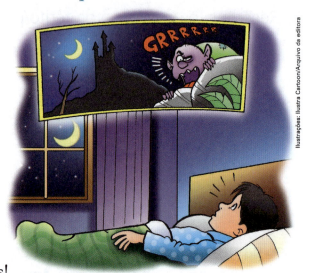

Cavalgando o arco-íris, de Pedro Bandeira. São Paulo: Moderna, 2010.

a) Escreva e leia, em voz alta, as palavras destacadas no poema.

....

....

b) Quando você pronunciou a vogal **o** final, qual som ouviu?

....

2 Complete as palavras com **o** ou **u**. Em caso de dúvida, consulte o dicionário.

a) Sei toda a tab........ada do nove.

b) Um cam........ndong........ passou correndo.

c) O b........eiro está entupido.

d) O f........cinh........ do cão é marrom.

3 Leia o significado das palavras do quadro.

> cumprimento → saudação
> comprimento → tamanho

○ Forme frases com as palavras **cumprimento** e **comprimento**.

_____

_____

4 Leia a frase abaixo, observando as palavras destacadas.

> Ele **chegou, falou** e se **calou**.

a) Os verbos **chegou, falou** e **calou** vêm de **chegar, falar** e **calar**.
Na frase acima, a terminação **ar** foi substituída por qual terminação?

_____

_____

b) Os verbos destacados estão no tempo:

◯ presente.   ◯ passado.   ◯ futuro.

5 Escreva os verbos abaixo no tempo passado, acrescentando a terminação **ou**. Veja o exemplo.

a) aplicar: *aplicou*　　**d)** chamar: _____

b) chegar: _____　　**e)** plantar: _____

c) quebrar: _____　　**f)** escorregar: _____

6 Complete as frases com as palavras que seu professor vai ditar.

a) O _____ terminou a consulta às _____ horas.

b) Eu li o _____ no jornal e à noite o locutor _____ na televisão.

c) Paulo _____ de ler o _____.

Texto 2 — O que é consumo consciente? 🖱 OED

A ideia básica do **consumo consciente é transformar o ato de consumo em uma prática permanente de cidadania**. O objetivo de consumo, quando consciente, extrapola o atendimento de necessidades individuais. Leva em conta também seus reflexos na sociedade, economia e meio ambiente.

E os reflexos podem ser positivos ou negativos. Ao comprar produtos de uma empresa que utiliza trabalho escravo, por exemplo, o consumidor financia essa prática ==abominável==. Por outro lado, se comprar alimentos orgânicos ou de comércio justo, contribuirá com setor da economia que não utiliza substâncias tóxicas em sua produção e que não agride o meio ambiente.

Aquela velha prática de "lavar as mãos", de encontrar um culpado pelas ==mazelas== do mundo, é inválida no consumo consciente. Se algo está errado, todos têm uma parcela de responsabilidade.

A escassez de recursos naturais, nesse sentido, não pode ser atribuída somente às empresas, pois foram os consumidores que financiaram sua exploração.

Por isso, é fundamental estar bem informado sobre os produtos e serviços que serão adquiridos ou contratados. O poder de transformação social está nas mãos dos consumidores, e cabe a eles escolher como fornecedoras empresas éticas, que respeitam os direitos humanos e os limites naturais do planeta.

Ilustra Cartoon/Arquivo da editora

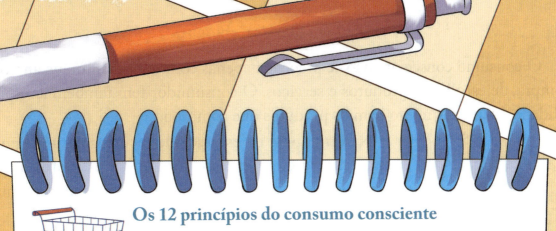

Os 12 princípios do consumo consciente

O Instituto Akatu, procurando orientar consumidores, publicou uma cartilha contendo os 12 princípios do consumo consciente. Veja abaixo.

1. Planeje suas compras. Compre menos e melhor.
2. Avalie os impactos de seu consumo no meio ambiente e na sociedade.
3. Consuma só o necessário. Reflita sobre suas reais necessidades e tente viver com menos.
4. Reutilize produtos. Não compre outra vez o que você pode consertar e transformar.
5. Separe seu lixo. Reciclar ajuda a economizar recursos naturais e a gerar empregos.
6. Use crédito com responsabilidade. Pense bem se você poderá pagar as prestações.
7. Informe-se e valorize as práticas de responsabilidade social das empresas.
8. Não compre produtos piratas. Assim você contribui para gerar empregos e combater o crime organizado.
9. Contribua para a melhoria dos produtos e serviços. Envie às empresas sugestões e críticas construtivas.
10. Divulgue o consumo consciente. Levante essa bandeira para amigos e familiares.
11. Cobre dos políticos. Exija ações que viabilizem a prática do consumo consciente.
12. Reflita sobre seus valores. Avalie os princípios que guiam suas escolhas e hábitos de consumo.

Fonte: Instituto Akatu.

Antes e depois da compra

O consumo consciente não se preocupa apenas com o momento que antecede a compra, de escolha de produtos e serviços. O consumidor tem também a responsabilidade de utilizar muito bem os produtos que comprou.

Na iminência da escassez de recursos naturais no planeta, desperdício e excesso tornam-se os piores pecados. O consumo consciente propõe que os consumidores mudem seus hábitos e consumam somente o essencial.

Pensando nisso, criou-se a chamada teoria dos "3 Rs", com o objetivo de minimizar o desperdício e aproveitar ao máximo os produtos que compramos.

Teoria dos "3 Rs"

Reduzir: implica reduzir nosso patamar de consumo, deixar de consumir tudo o que não é realmente necessário. Se, por exemplo, uma tecla do seu telefone celular se quebrar, por que não consertá-la, em vez de comprar um aparelho novo? Ou se o modelo não é o mais recente, mas o aparelho ainda funciona, por que trocá-lo?

Reutilizar: implica utilizar um mesmo produto de várias maneiras, ao invés de descartá-lo. O exemplo mais comum é utilizar frascos de vidro de requeijão como copos em casa, ou imprimir documentos pessoais no verso de folhas de papel utilizado no escritório.

Reciclar: a reciclagem é uma prática essencial para a redução do volume de materiais inutilizados, que irão se acumular em lixões ou aterros sanitários.

Como funciona o consumo consciente, de Celso Monteiro. Disponível em: <http://ambiente.hsw.uol.com.br/consumo-consciente.htm>. Acesso em: 26 mar. 2015.

abominável: detestável, terrível.
iminência: característica do que está prestes a acontecer.
mazelas: falhas, problemas.

Texto 2 – O que é consumo consciente?

Por dentro do texto

1 Segundo o texto, qual é a ideia básica do consumo consciente?

2 Consumo consciente é:

○ aquele que atende às necessidades de cada um.

○ aquele que satisfaz as necessidades e ao mesmo tempo preserva o meio ambiente.

○ aquele que preserva os recursos naturais.

3 Segundo o texto, o consumidor consciente não se preocupa apenas com o momento que antecede a compra. Qual é a responsabilidade do consumidor após a compra?

4 Quem são os responsáveis pela escassez dos recursos naturais?

5 O que o Instituto Akatu publicou? Com qual objetivo?

6 Observe a cena abaixo.

- Qual dos 12 princípios está sendo praticado pelo pai do menino?

　

7 O pai do menino, com sua atitude, mostrou ser um consumidor consciente? Por quê?

　

8 Explique com suas palavras o que é a teoria dos "3 Rs".

9 Leia um trecho da história **Pedro compra tudo**.

Este é Pedro. É um cara superesperto. Com nove anos, já sabe se virar sozinho: toma ônibus para ir à escola e frita omelete para o almoço. Mas, como diz sua melhor amiga, a Aninha, o único problema é ser um menino consumista.

Puxa vida, não tinha reparado nisso, mas... olha a camiseta, olha a bermuda, olha o tênis com luzinha atrás! Olha o relógio dele, até fala! Tudo isso deve ter custado os olhos da cara. Fala sério! Bota consumismo nisso!

Pois é. E nessa febre consumista, Pedro quer tudo que vê. Se a propaganda diz que é legal, está na moda, Pedro torra a mesada, sem se preocupar com o preço e a qualidade, nem se vai ser útil. E vive fugindo dos conselhos da Aninha, que só compra um produto se realmente for usar.

Pedro compra tudo, de Maria de Lourdes Coelho. São Paulo: Cortez, 2009.

a) Relembre o significado destas palavras:

consciente *adj.* que percebe o que ocorre consigo e à sua volta.

consumo *s.m.* gasto, uso, utilização, compra.

b) Na sua opinião, Pedro é um consumidor consciente? Por quê?

Aprendendo gramática

● **Verbo no infinitivo – conjugações verbais**

Releia este trecho do texto e observe os verbos destacados.

> "O exemplo mais comum é **utilizar** frascos de vidro de requeijão como copos em casa, ou **imprimir** documentos pessoais no verso de folhas de papel utilizado no escritório".

Os verbos **utilizar** e **imprimir** não estão conjugados, não indicam tempo nem pessoa. Esses verbos estão no **infinitivo**.

1 Circule os verbos das frases e escreva-os no infinitivo. Veja o exemplo.

a) João (encontrou) Daniela na festa. .... *encontrar* ....

b) Os meninos dividiram as figurinhas. ....

c) Os alunos não conhecem o planetário. ....

d) Ana apresentará o trabalho amanhã. ....

e) Todos ouviram a explicação do jogo. ....

f) Você leu o livro inteiro nas férias? ....

○ Agora distribua no quadro os verbos das frases no infinitivo, de acordo com a terminação.

Verbos terminados em		
ar	er	ir

2 Observando o quadro da atividade anterior, complete a afirmação:

○ Os verbos no infinitivo podem terminar em ...., ... ou ....

Há três conjugações para os verbos:
primeira conjugação → verbos terminados em **ar**
segunda conjugação → verbos terminados em **er**
terceira conjugação → verbos terminados em **ir**

3 Copie os verbos da frase abaixo e indique a que conjugação pertencem.

Mônica escrevia no caderno enquanto Ricardo desenhava.

Verbo – primeira conjugação

Observe a conjugação do verbo **cantar**. Nela, verificamos a flexão (variação) do verbo em **tempo**, **número** e **pessoa**.

Número	Pessoa	Tempo		
		Pretérito	Presente	Futuro
Singular	eu tu ele	cant**ei** cant**aste** cant**ou**	cant**o** cant**as** cant**a**	cant**arei** cant**arás** cant**ará**
Plural	nós vós eles	cant**amos** cant**astes** cant**aram**	cant**amos** cant**ais** cant**am**	cant**aremos** cant**areis** cant**arão**

1 Observando as terminações do verbo **cantar**, conjugue o verbo **falar**.

Pretérito	Presente	Futuro

2 Escreva a **pessoa** e o **número** dos verbos destacados. Veja o exemplo.

a) Os alunos **cumprimentaram** a professora.

   Os alunos → eles: 3ª pessoa do plural

b) André **levou** seu irmão à pracinha.

   ....

c) Pedro, Alice e eu **jogamos** basquete.

   ....

3 Conjugue o verbo **andar** nos tempos pedidos.

Pretérito	Presente	Futuro

Verbo – segunda conjugação

Observe a conjugação do verbo **defender**.

Número	Pessoa	Tempo		
		Pretérito	Presente	Futuro
Singular	eu tu ele	defend**i** defend**este** defend**eu**	defend**o** defend**es** defend**e**	defend**erei** defend**erás** defend**erá**
Plural	nós vós eles	defend**emos** defend**estes** defend**eram**	defend**emos** defend**eis** defend**em**	defend**eremos** defend**ereis** defend**erão**

1 Observando as terminações do verbo **defender**, conjugue os verbos **escrever** e **entender**.

Escrever		
Pretérito	Presente	Futuro

Entender		
Pretérito	Presente	Futuro

2 Complete as frases com os verbos nos tempos indicados.

a) Meu primo .... dois copos de suco. (beber – pretérito)

b) O cachorro .... o rosto de Carlinhos. (lamber – pretérito)

c) Amanhã eu .... o livro à biblioteca. (devolver – futuro)

d) Paula .... salada todos os dias. (comer – presente)

e) A cada dia, ele .... um lápis na escola. (perder – presente)

3 Escreva os verbos no infinitivo e indique a conjugação a que eles pertencem.

a) admirou: ....

b) preencherá: ....

c) devolveu: ....

Verbo – terceira conjugação

Observe a conjugação do verbo **dormir**.

Número	Pessoa	Tempo		
		Pretérito	Presente	Futuro
Singular	eu	dormi	durmo	dormirei
	tu	dormiste	dormes	dormirás
	ele	dormiu	dorme	dormirá
Plural	nós	dormimos	dormimos	dormiremos
	vós	dormistes	dormis	dormireis
	eles	dormiram	dormem	dormirão

1 Observando a conjugação do verbo **dormir**, conjugue os verbos **partir** e **dividir**.

Partir		
Pretérito	Presente	Futuro

Texto 2 – O que é consumo consciente?

Dividir		
Pretérito	Presente	Futuro
....	....	....
....	....	....
....	....	....
....	....	....
....	....	....

2) Observe a cena e complete as frases a seguir.

Sai indica o presente do verbo **sair**. **Pediram** indica o passado do verbo .... O infinitivo desses verbos termina em ....

Os verbos **sair** e **pedir** pertencem, portanto, à .... conjugação.

3) Circule os verbos das frases a seguir e escreva a qual das três conjugações cada um pertence.

a) Já arrumaram as malas, crianças? Não esqueçam as blusas!

....

b) Pedimos os lanches. Levaremos também um jogo para nos distrairmos durante a viagem.

....

c) Partiremos logo!

....

4 Complete as frases com os verbos nos tempos indicados.

a) Minha mãe _____ sempre seu *e-mail*. (abrir – presente)

b) Tu _____ as balas com teu irmão? (dividir – pretérito)

c) Nós _____ a palestra até o fim. (ouvir – futuro)

5 Releia abaixo parte do texto **O que é consumo consciente?**, completando-o com a conjugação dos verbos entre parênteses no tempo pretérito.

"O consumo consciente não se _____ (preocupar) apenas com o momento que _____ (anteceder) a compra, de escolha de produtos e serviços. O consumidor tem também a responsabilidade de utilizar muito bem os produtos que _____ (comprar).

Na iminência da escassez de recursos naturais no planeta, desperdício e excesso _____ (tornar-se) os piores pecados.

O consumo consciente _____ (propor) que os consumidores mudassem seus hábitos e consumissem somente o essencial.

Pensando nisso, _____ (criar-se) a chamada teoria dos '3 Rs', com o objetivo de minimizar o desperdício e aproveitar ao máximo os produtos que compramos."

Texto 2 – O que é consumo consciente?

Escrevendo certo

● -am, -ão

Veja a conversa a seguir e observe os verbos destacados.

BIA, MINHA TURMA ESTÁ MUITO FELIZ! **CHEGARAM** OS NOSSOS COMPUTADORES!

QUE BOM! OS NOSSOS SÓ **CHEGARÃO** NO FINAL DO MÊS...

1 O verbo **chegaram** está na 3ª pessoa do plural, no tempo:

◯ presente.   ◯ pretérito.   ◯ futuro.

2 O verbo **chegarão** está na 3ª pessoa do plural, no tempo:

◯ presente.   ◯ pretérito.   ◯ futuro.

> A 3ª pessoa do plural (eles/elas) dos verbos no pretérito termina em **-am**.
> Ex.: Eles **nadaram** ontem.
>
> A 3ª pessoa do plural (eles/elas) dos verbos no futuro termina em **-ão**.
> Ex.: Eles **nadarão** amanhã.

3 Complete as frases com os verbos do quadro.

| ouviram   ouvirão   saíram   sairão |

a) Ontem os pais .... tudo o que foi dito na reunião.

b) Amanhã todos .... o que eu tenho a dizer.

c) Meus vizinhos .... cedo amanhã.

d) Na semana passada, os alunos .... tarde da aula.

4 Observe as cenas e complete as frases com o verbo **estudar** no tempo correto.

a) Os alunos _____.

b) Os alunos já _____.

c) Os alunos ainda _____.

● **há, a**

Leia as frases e observe as palavras destacadas.

Há duas horas estou pensando.
• Indica tempo decorrido.

Daqui **a** uma hora começa a prova.
• Não indica tempo decorrido.

Para indicar tempo passado, usamos **há**. Ele tem o mesmo sentido de **faz**. Pode ainda ser usado com o sentido de **existe**. Nos outros casos, usamos **a**.

1 Complete as frases com **há**. Depois, reescreva-as no caderno substituindo **há** por **faz**. Faça as adaptações necessárias.

a) .... um ano não compro roupas novas.

b) A encomenda chegou .... duas horas.

c) Aprendi a reciclar papel .... quatro anos.

2 Complete as frases com **a**.

a) Daqui .... uma semana voltarei.

b) Iremos ao clube daqui .... pouco.

c) Pedirei .... minha mãe que conserte meu celular.

3 Complete as frases empregando corretamente **há** ou **a**.

a) Fomos .... Curitiba .... muitos anos.

b) .... três meses eles viajaram e daqui .... um mês voltarão.

c) Passei por lá .... alguns dias e daqui .... algum tempo voltarei.

d) Chegamos de Goiânia .... dez dias e logo iremos .... Fortaleza.

4 Escreva frases com **há** utilizando as informações abaixo. Veja o exemplo.

saí	→	quatro horas
corremos	→	cinco dias
perdeste	→	um ano
contou	→	três minutos

Eu saí de casa há quatro horas.

Texto 3

A cidade ideal

CACHORRO — A cidade ideal dum cachorro
tem um poste por metro quadrado.
Não tem carro, não corro, não morro,
e também nunca fico apertado.

GALINHA — A cidade ideal da galinha
tem as ruas cheias de minhocas.
A barriga fica tão quentinha
que transforma o milho em pipoca.

CRIANÇAS — Atenção porque nesta cidade
corre-se a toda velocidade
e atenção que o negócio está preto,
restaurante assando galeto.

TODOS — Mas não, mas não,
o sonho é meu e eu sonho que
deve ter alamedas verdes,
a cidade dos meus amores.
E, quem dera, os moradores
e o prefeito e os varredores
fossem somente crianças.
Deve ter alamedas verdes,
a cidade dos meus amores.
E, quem dera, os moradores
e o prefeito e os varredores
e os pintores e os vendedores
fossem somente crianças.

GATA — A cidade ideal duma gata
é um prato de tripa fresquinha.
Tem sardinha num bonde de lata,
tem alcatra no final da linha.

JUMENTO — Jumento é velho, velho e sabido
e por isso já está prevenido.
A cidade é uma estranha senhora
que hoje sorri e amanhã te devora.

CRIANÇAS — Atenção que o jumento é sabido,
é melhor ficar bem prevenido,
e olha, gata, que tua pelica
vai virar uma bela cuíca.

TODOS — Mas não, mas não,
o sonho é meu e eu sonho que
deve ter alamedas verdes,
a cidade dos meus amores.
E, quem dera, os moradores
e o prefeito e os varredores
e os pintores e os vendedores
fossem somente crianças.
Deve ter alamedas verdes,
a cidade dos meus amores.
E, quem dera, os moradores
e o prefeito e os varredores
e os pintores e os vendedores,
as senhoras e os senhores
e os guardas e os inspetores
fossem somente crianças.

JUMENTO — Então, vamos começar os ensaios?
CACHORRO — Sim, senhor maestro.
GALINHA — Vamos.

GATA — Falou, bicho.

JUMENTO — Ótimo, vocês conhecem as notas?

CACHORRO — Sim, senhor, conheço duas.

GALINHA — Eu conheço três.

GATA – Eu? Umas trinta e nove.

JUMENTO — Eh! Ainda bem que o burro aqui sou eu. Vamos ao trabalho, eu toco a escala e vocês cantam as notas, tá?

GALINHA — Dó, tem dó, quem viveu junto, não pode nunca viver só.

CACHORRO — Ré, reza uma prece, ave-maria...

GALINHA — Mi, milho verde, milho verde...

GATA — Fá, faró, faró, faró, faró, fá, fá, fá.

CACHORRO — Sol, ó Sol, tu que és o rei dos astros.

GALINHA — Lá, lava roupa todo dia, que agonia.

GATA — Si, siiiiiiiiiiiii...

JUMENTO — Tá certo, já entendi, vamos desistir.

GATA — Ah! Não, a gente 'tava' só brincando!

JUMENTO — Brincando, brincando, isso aqui é música.

GALINHA — Ah! Vamos tentar de novo?

JUMENTO — Tá bem, repitam comigo, dó, ré, mi, fá, sol, lá, si, dó.

Os saltimbancos, tradução e adaptação de Chico Buarque. Rio de Janeiro: José Olympo, 2007.

alamedas: ruas arborizadas.
escala: organização de sons em sequência.
notas: sons musicais. As notas musicais são: dó, ré, mi, fá, sol, lá, si.

Saiba mais

Os saltimbancos é um musical infantil inspirado no conto **Os músicos de Bremen**, dos irmãos Grimm. É a história de quatro bichos que abandonam seus donos por causa dos maus-tratos: um jumento que não aguenta mais carregar tanto peso sem recompensa alguma. Um cachorro que está muito velho para vigiar a casa. Uma galinha que não consegue mais botar ovos. Uma gata expulsa de casa por cantar a noite toda. Os quatro bichos se juntam e partem para a cidade em busca de liberdade.

Por dentro do texto

1 Descreva a cidade ideal de cada animal de acordo com o texto.

a) Do cachorro:

....

....

b) Da gata:

....

....

c) Da galinha:

....

2 Por que o jumento parece não acreditar que exista uma cidade ideal?

....

....

....

3 Associe as seis palavras da coluna da esquerda aos seus significados.

- (A) pelica
- (B) galeto
- (C) prevenido
- (D) cuíca
- (E) alcatra
- (F) saltimbanco

- ( ) Frango assado.
- ( ) Uma das partes do boi usada como alimento.
- ( ) Tipo de tambor.
- ( ) Pele fina e tratada de certos animais, usada na fabricação de objetos.
- ( ) Integrante de grupo de artistas populares.
- ( ) Atento, cauteloso.

4. No texto lido, o que fazem as crianças?

....

....

5. Escreva o alerta que as crianças fazem a cada personagem.

a)

b)

c)

6. Quais são as duas características da cidade ideal destacadas por todos os personagens?

....

....

7. Os animais do texto descreveram a cidade ideal destacando o que nela deveria ter, atendendo assim às necessidades de cada um. Converse com os colegas: você considera a cidade em que mora a cidade ideal? Por quê?

Texto 3 – A cidade ideal

Aprendendo gramática

● Sujeito e predicado

Leia a frase a seguir e observe o verbo destacado.

> A galinha **quer** ruas cheias de minhocas.

Como já vimos, **oração** é a frase que se organiza em torno de um verbo.

1 Com base na oração acima, responda:

a) Quem realiza a ação na oração, ou seja, quem quer ruas cheias de minhocas?

....

b) O que se fala sobre aquele que realizou a ação da oração?

....

> Quem realiza a ação da oração é o **sujeito**.
> Tudo aquilo que se informa do sujeito da oração é o **predicado**.

2 Leia esta oração e responda às questões:

> Senhor Artur chegou em casa e encontrou para o almoço uma variedade de comidas deliciosas.

a) Quem realiza a ação da oração?

....

b) O que se fala sobre aquele que realizou a ação da oração?

....

....

3 Complete as orações com um sujeito. Atenção: o verbo sempre deve concordar com o sujeito.

a) .... chegaram antes da hora.

b) .... não avançou o sinal vermelho.

c) .... fez o almoço.

d) .... gosto de plantas e animais.

4 Escreva predicados para os sujeitos abaixo. Não se esqueça de acrescentar verbos.

a) O professor ....

b) O gato e o cachorro ....

c) Meu irmão ....

d) A atriz principal do filme ....

5 Observe as figuras e escreva um predicado, formando orações.

O menino .... O vaso ....

....

O gato .... Senhor Francisco ....

....

246
Texto 3 – A cidade ideal

6 Sublinhe os verbos e separe o sujeito e o predicado das orações.

a) Meus pais farão uma longa viagem.

Sujeito: ....

Predicado: ....

b) O elevador parou no térreo.

Sujeito: ....

Predicado: ....

c) Brasília é a capital do Brasil.

Sujeito: ....

Predicado: ....

d) Chegaram nesse momento os turistas.

Sujeito: ....

Predicado: ....

e) Correram para o parque a menina e a mãe.

Sujeito: ....

Predicado: ....

7 Agora o sujeito será você. Escreva declarações sobre o que você faz nas seguintes situações:

a) Eu acordo e ....

b) Depois de tomar banho eu ....

c) Na hora do almoço eu ....

d) Aos sábados eu ....

e) Em dias de prova eu ....

Escrevendo certo

● **por que, porque, por quê, porquê**

Leia os balões de fala e observe as palavras destacadas.

Você pôde perceber no texto dos balões:

- Escreve-se **por que** (separado) quando se faz uma pergunta:

  "**Por que** você não foi assistir ao jogo?"

- Escreve-se **porque** (junto) quando se responde a uma pergunta:

  "Não fui assistir ao jogo **porque** cheguei atrasada."
  "Eu me atrasei **porque** o despertador não tocou."

- Escreve-se **por quê** (separado e com acento) no final de uma pergunta:

  "Você se atrasou **por quê**?"

- Escreve-se **porquê** (junto e com acento) quando ele assume a forma de substantivo, podendo ser substituído por "razão", "motivo":

  "Não sei o **porquê** de tanta preocupação."

1. Complete as frases com **por que**, **porque**, **por quê** ou **porquê**.

   a) Você faltou à prova ontem _____?

   b) Faltei _____ estava doente.

   c) _____ você não diz a verdade?

   d) Ele não entendeu o _____ daquela conversa.

2. Complete o diálogo empregando corretamente **por quê**, **por que** ou **porque**.

   _____ VOCÊS NÃO VÃO COMIGO BRINCAR NA MINHA CASA?

   EU NÃO POSSO _____ PRECISO IR EMBORA.

   VOCÊ QUER BRINCAR NA SUA CASA _____?

3. Crie uma pergunta e uma resposta para as frases a seguir. Observe o exemplo.

   a) A menina está feliz porque ganhou um gatinho.

   Por que a menina está feliz?
   Porque ganhou um gatinho.

   b) As pessoas viajam porque desejam conhecer novos lugares.

   _____

   _____

   c) O professor saiu mais cedo porque não estava se sentindo bem.

   _____

   _____

   d) Você não foi ao passeio porque perdeu a hora.

   _____

   _____

Texto 4 — Sustentabilidade

Calvin & Haroldo: Yukon Ho!, de Bill Watterson. São Paulo: Conrad, 2010.

Saiba mais

Os quadrinhos **Calvin & Haroldo** contam a história de Calvin, um garoto hiperativo de 6 anos que tem um tigre de pelúcia chamado Haroldo como melhor amigo. O tigre ganha vida quando não existe nenhum adulto por perto. As histórias contam aventuras e brincadeiras da dupla, além de reflexões sobre política, cultura, sociedade e a relação de Calvin com seus pais, colegas e professores.

Por dentro do texto

1 Releia a tirinha e responda: por que Calvin estava tão irritado?

....

o Você também ficaria irritado com isso? Por quê? Converse com os colegas.

2 Por que Calvin, depois de conversar com Haroldo, tira a roupa?

....

....

....

....

3 Atitudes sustentáveis são tomadas para cuidarmos mais do meio ambiente e de nossos recursos naturais. Jogar lixo no chão não é uma atitude sustentável. Que atitudes sustentáveis você tem em seu dia a dia?

....

....

....

4 Você sabe o que é recurso natural? Em grupo, façam uma pesquisa. Depois escreva, a seguir, o resumo do que encontraram.

....

....

....

....

....

Aprendendo gramática

● **Advérbio**

1 Releia esta fala de Calvin:

> "Algum idiota jogou lixo aqui nesse belo lugar."

○ A palavra **aqui** transmite a ideia de:

◯ tempo.   ◯ lugar.   ◯ afirmação.

A palavra **aqui** é um **advérbio**.

> **Advérbio** é a palavra que modifica o sentido do verbo, do adjetivo ou de outro advérbio, dando ideia de lugar, de tempo, de modo, etc. O advérbio é invariável, ou seja, não apresenta flexão de gênero (masculino e feminino) e número (singular e plural).

Conheça alguns **advérbios**:

Advérbios	Exemplos
de lugar (onde?)	aqui, ali, lá, atrás, perto, longe, acima, abaixo, dentro, fora
de tempo (quando?)	já, agora, hoje, ontem, amanhã, depois, sempre, cedo, tarde, nunca, jamais
de modo (como?)	depressa, devagar, assim, bem, mal, pior e a maior parte das palavras terminadas em **-mente**, como ansiosamente, alegremente, rapidamente, etc.
de afirmação	sim, certamente, realmente
de negação	não, tampouco
de dúvida	talvez, acaso, provavelmente
de intensidade	muito, pouco, bastante, mais, menos, tão, tanto, quase, demais

2 Circule os advérbios das frases e classifique-os.

a) Eu moro longe do bairro em que estudo.

....

b) Mário saiu cedo e depressa.

....

....

c) Não comerei aqui, pois a comida é muito cara.

....

....

d) Ele é realmente um ótimo profissional.

....

e) Talvez eu o encontre no *show*, mas acho que não será fácil.

....

....

3 Complete as frases com advérbios de tempo.

a) .... estou assistindo ao jogo.

b) .... será o meu primeiro dia de aula.

c) .... fomos à praia.

d) A aula de ginástica começa muito ....

4 Sublinhe, no texto a seguir, somente os advérbios de lugar.

> Gosto muito de ficar aqui, na minha casa, perto dos meus familiares e longe do barulho das ruas. Lá no quintal, localizado atrás da lavanderia, é onde costumo ficar, sentada embaixo da árvore, ouvindo o canto dos pássaros. Fico ali horas seguidas, esquecida da vida que corre longe...

5 Escreva frases empregando os seguintes advérbios de tempo e de modo:

a) hoje – depressa ....

....

b) amanhã – calmamente ....

....

c) agora – mal ....

....

d) sempre – alegremente ....

....

6 Leia estes adjetivos e transforme-os em advérbios de modo. Veja o exemplo.

a) feliz: *felizmente* e) rápido: ....

b) leve: .... f) difícil: ....

c) fácil: .... g) alegre: ....

d) lento: .... h) livre: ....

7 Complete as frases a seguir com advérbios. O tipo de advérbio a ser usado na frase está indicado entre parênteses.

a) Os jogadores chegaram .... (tempo) de viagem. Estavam se sentindo .... (modo) por causa da derrota que sofreram.

b) Todos esperavam que a noiva dissesse .... (afirmação).

c) Tiago procurou seu tênis .... (lugar) da cama e .... (lugar) da geladeira, mas .... (negação) o encontrou.

d) Muitas pessoas foram visitá-lo, apesar de ele ter pedido que ninguém fosse até .... (lugar).

e) .... (dúvida) Daniel será eleito o novo prefeito.

Escrevendo certo

● mal, mau

Observe a ilustração e as palavras destacadas:

 A palavra **mal** é um advérbio e seu antônimo é **bem**.
A palavra **mau** é um adjetivo e seu antônimo é **bom**.

1 Reescreva a frase do balão de fala acima substituindo as palavras destacadas por antônimos.

....

2 Observe a ilustração a seguir e complete os balões com **bem** ou **mal**.

3 Complete as frases empregando **mal** ou **mau**.

a) Márcio não é um menino ....

b) Você se comportou muito .... hoje.

c) Ele não era .... humorista, só estava contando piadas .... elaboradas.

d) Cristiano sentiu-se .... durante o passeio.

O tema é...
Preservar para não faltar

Atenção!

Ainda hoje muito lixo é descartado nas ruas. Desde um papel de bala até um móvel usado. Mas para onde vai o lixo que é jogado nas ruas?

Água da chuva levando lixo para o bueiro, em São Paulo (SP), 2013.

Poluição em banco de areia do rio Negro, em Manaus (AM), 2012.

Lixo acumulado nas ruas de Mauá (SP), 2014.

O rio Tietê, no estado de São Paulo, é um exemplo do prejuízo causado pelo descarte incorreto do lixo. No início dos anos 1990, esse rio recebia diariamente mais de 400 toneladas de lixo. Além disso, recebia 800 toneladas de esgoto doméstico e 300 de resíduos industriais. Hoje em dia, podemos ver no que isso resultou.

- Você imaginava que um rio pudesse receber tanto lixo diariamente?
- É importante cuidar do rio para que ele não fique poluído? Por quê?
- O que você diria para alguém que tem o hábito de jogar lixo nas ruas?

A viagem do lixo

Plásticos, náilon, isopor: todo o lixo capaz de flutuar é um potencial viajante e colecionador de poluentes. Ao ser levado pelas águas — da chuva, dos rios ou do mar —, logo desaparece de vista. Porém, permanece no ambiente por longo tempo. [...] Por onde passam, deterioram a paisagem, contaminam as águas, causam impactos sobre a fauna e afetam a qualidade de vida.

Planeta Sustentável. Disponível em: <http://planetasustentavel.abril.com.br/infograficos/national-viagem-do-lixo.swf>. Acesso em: 29 jan. 2015.

- Como o lixo jogado nas águas pode prejudicar a fauna?
- O lixo jogado na areia das praias ou em beiras de rios também pode contaminar as águas? Por quê?
- O ser humano consegue viver sem água?

Volume mínimo de água para produzir 1 kg do alimento

15 000 L – carne bovina
3 500 L – aves
1 900 L – arroz
900 L – trigo
500 L – batata

Mundo Estranho. Disponível em: <http://mundoestranho.abril.com.br/materia/quantos-litros-de-agua-potavel-restam-na-terra>. Acesso em: 29 jan. 2015.

- Você consome carne, ave, arroz, trigo e batata?
- Você imaginava o quanto de água se utilizava na produção desses alimentos?
- Jogar comida fora pode ser prejudicial ao meio ambiente? Por quê?

Texto 5 — Trânsito e cidadania

educação viária: conhecimento das regras de trânsito e respeito a elas.

Sinal verde: trânsito e cidadania, de Samuel Ramos Lago. Curitiba: Nossa Cultura, 2009.

Por dentro do texto

1 O que os personagens estão fazendo no primeiro quadrinho?

....

2 Que fato é noticiado no primeiro quadrinho?

....

....

....

3 Em que país essa realidade ocorre?

....

4 Como as crianças se sentem a respeito da quantidade de vítimas de acidentes de trânsito no Brasil?

◯ Impressionadas, surpresas.   ◯ Empolgadas, animadas.

5 Releia este quadrinho.

- Por que o professor Samuca diz: "parece que queremos ser campeões mundiais!"?

....

....

....

6 Qual foi a resposta do professor Samuca à pergunta do menino no quadrinho ao lado?

_____
_____
_____
_____
_____
_____

7 O que você acha sobre a resposta do professor Samuca? Você e sua família colocam em prática alguma(s) dessas atitudes? Qual(is)?

_____
_____
_____

8 Defina em uma frase o que é **educação viária**.

_____

9 Segundo o professor Samuca, qual é a maior lei do trânsito?

_____

o Você concorda com isso? Por quê?

_____
_____
_____

10 Como as pessoas podem contribuir para um trânsito melhor?

_____
_____

Aprendendo gramática

● **Preposição**

Leia este texto, observando as palavras destacadas.

Terra, nosso lar

A humanidade é parte **de** um vasto universo **em** evolução. A Terra, nosso lar, está viva como uma comunidade **de** vida única. As forças **da** natureza fazem **da** existência uma aventura exigente e incerta, mas a Terra providenciou as condições essenciais **para** a evolução **da** vida. A capacidade **de** recuperação **da** comunidade **da** vida e o bem-estar **da** humanidade dependem **da** preservação **de** uma biosfera saudável **com** todos seus sistemas ecológicos, uma rica variedade **de** plantas e animais, solos férteis, águas puras e ar limpo.

O meio ambiente global **com** seus recursos finitos é uma preocupação comum **de** todas as pessoas. A proteção **da** validade, diversidade e beleza **da** Terra é um dever sagrado.

Carta da Terra, de Earth Charter International.
São Paulo: Gaia, 2010.

biosfera: o conjunto de todas as regiões da Terra onde existe ou pode existir vida.

Você sabe o que são as palavras destacadas no texto? Elas são **preposições**.

> **Preposição** é uma palavra invariável que liga duas palavras, estabelecendo uma relação entre elas.

Veja as principais preposições:

a	ante	até	após	com	contra
de	desde	em	entre	para	
por	sem	sob	sobre	trás	

1 Escreva uma preposição para ligar as palavras.

café .... leite   vaso .... flores

2 Complete as frases com preposições.

a) Fui .... a casa .... Joana.

b) Comprei um casaco .... Carlinhos.

c) Pensei .... você .... carinho.

d) Os alunos cochicharam .... si.

3 Observe as ilustrações e complete as expressões com a preposição **sob** ou **sobre**.

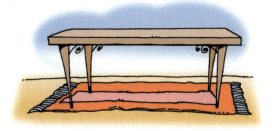
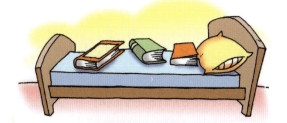

tapete .... a mesa   livros .... a cama

roupas .... a mesa   gato .... a cama

4 Complete as frases usando as preposições do quadro a seguir.

> até   em   desde   contra   por   após   com

a) O aluno errou as questões da prova .... distração.

b) Assim não é possível! Estão todos .... mim!

c) Eu fiquei .... casa, mas meu irmão saiu .... mamãe.

d) Não tenho ido ao ensaio .... sexta-feira passada.

e) Estudei para a prova .... o fim da tarde.

f) Discutimos o texto .... sua leitura.

5 Você já aprendeu que o **a** é artigo quando acompanha um substantivo feminino. Aprendeu agora que o **a** também pode ser preposição.

- Leia as frases abaixo e a indicação entre parênteses e assinale a alternativa correta.

    a) Luís recebeu **a** bola. (**bola** → substantivo feminino)

    ○ **a** é preposição   ○ **a** é artigo

    b) O menino começou **a** chorar. (**chorar** → verbo)

    ○ **a** é preposição   ○ **a** é artigo

6 Complete as frases com a preposição **a** e classifique as palavras destacadas de acordo com a numeração abaixo.

(1) verbo   (3) substantivo masculino

(2) pronome pessoal do caso reto   (4) pronome pessoal de tratamento

a) O tio deu o presente .... **ele**. ○

b) O menino andou .... **pé** até o clube. ○

c) Começou .... **cantar** de tanta alegria. ○

d) Vou pedir um favor .... **você**. ○

Texto 5 – Trânsito e cidadania

Escrevendo certo

pôr, por

Leia as frases a seguir e observe as palavras destacadas.

> Cristina vai **pôr** a torta de chocolate na mesa para comer com as amigas. A torta foi feita **por** sua avó Estela.

> A palavra **pôr**, com acento, tem o sentido de "colocar". **Pôr** é um verbo.
> A palavra **por**, sem acento, é uma preposição.

1 Reescreva as frases a seguir substituindo o verbo **colocar** pelo verbo **pôr**.

a) Eu e minha irmã vamos colocar as cartas no correio hoje.

....

....

b) Celso quer colocar os poemas que escreveu em uma pasta.

....

....

2 Complete as frases com **por** ou **pôr**.

a) Daniel resolveu .... seus brinquedos em uma caixa vermelha.

b) Pedro viajou com seus pais .... uma semana no Nordeste.

c) Vou .... uma roupa nova na festa do meu aniversário.

d) Os brinquedos de sucata foram feitos .... um grupo de crianças.

e) Preciso .... todo o material escolar na mochila.

f) Heloísa vai .... a agenda escolar .... cima do caderno para não esquecer de levar para a aula.

Texto 6 — A natureza pede ajuda

Este cartaz faz parte de uma campanha publicitária lançada na Turquia e chama a atenção do público para o problema da extinção de espécies. A intenção foi sensibilizar as pessoas para que se interessem pela missão da ONG (chamada WWF) e se envolvam mais com ela.

A campanha enfatiza que os *habitat* de todos os organismos da Terra estão interligados e a humanidade não pode sobreviver sem um ecossistema saudável e sustentável.

HORRIPILANTE — MAIS HORRIPILANTE

Campanha da ONG WWF intitulada **Exploração do ecossistema também ameaça vidas humanas**.

Por dentro do texto

1 Você já viu cartazes que sensibilizem o público para determinada causa em algum *site*, alguma revista ou nas ruas, em forma de *outdoor*? O que achou deles? Acha que eles chamam a atenção?

....
....
....
....

2 Resuma com suas palavras o que é mostrado no cartaz da página anterior.

....
....
....
....
....
....
....
....

3 Esse cartaz foi concebido em parceria com a ONG WWF. Agora responda:

a) Você sabe o que significa a sigla ONG?

....
....

b) Você já ouviu falar da ONG WWF? Faça uma pesquisa sobre ela e compartilhe com a turma as informações que você obteve.

Saiba mais

Você sabia que qualquer pessoa pode criar uma ONG, desde que desenvolva uma ação para melhorar algum aspecto da sociedade? Conheça a história de Bianca Carvalho, uma menina que fundou uma ONG dentro de casa aos 16 anos.

A menina que criou uma ONG para crianças

Bianca nunca foi uma menina rica. Moradora de uma comunidade carente na Baixada Fluminense, ela se acostumou desde pequena a ver a pobreza de perto. Mas isso não impediu que fosse atrás de seus sonhos. Quando tinha 13 anos [...], a garota escreveu um livro com três histórias infantis. Para ajudar na venda da publicação, Bia criou um projeto: "Passei a ir às escolas do meu bairro e apresentava uma peça do livro aos alunos. Os atores eram algumas crianças do meu bairro e alguns amigos". Não demorou muito para que a garota montasse um grupo teatral e sua iniciativa, que começou como algo pequeno, se tornasse algo muito maior.

Bianca Carvalho aos 28 anos. Foto de novembro de 2014.

Três anos depois, surgiu a ideia de montar uma ONG. "Queria passar um pouco de arte e cultura para as crianças e jovens da minha região. A falta de oportunidade da comunidade onde eu vivo e o fato de eu sempre me deparar com muita pobreza me fizeram querer ajudar as pessoas", conta. A garota contou o seu sonho para a mãe, que a incentivou a seguir adiante. "Comecei a estudar e ler muito sobre o assunto."

Foi assim que, em 2003, surgiu a ONG Mundo Novo da Cultura. No começo, a sede da instituição era a própria casa da Bia. Com o apoio dos pais, a garota transformou o lar num espaço cultural. [...] No começo, era a família da Bianca que arcava com a maior parte dos custos da ONG. Para o lanche, ela corria atrás de doação de alimentos e pegava cadeiras emprestadas de uma empresa. [...]

Agora [aos 28 anos], o objetivo da Bianca é poder melhorar a estrutura da ONG para que ela seja uma grande referência de estudos e cultura. [...]

A menina que criou uma ONG para crianças, de Kizzy Bortollo. **Planeta sustentável**. Disponível em: <http://planetasustentavel.abril.com.br/>. Acesso em: 26 mar. 2015.

Aprendendo gramática

● Interjeição

Leia o texto abaixo.

> [...] E se acabasse a água do planeta inteiro? Ninguém mais poderia tomar banho. A gente ia ficar imundo. [...] A maioria dos animais ia ficar muito triste também! **Oh, não!** Isso seria terrível!
>
> **"Por que economizar água?": aprendendo sobre uso racional da água**, de Jen Green e Mike Gordon. São Paulo: Scipione, 2004.

Oh, não! expressa sentimento de insatisfação.

Oh, não! é uma **interjeição**.

Interjeições são palavras que expressam sentimentos, emoções, sensações, tais como alegria, susto, dor, medo e outros.

Observe algumas **interjeições** no quadro abaixo.

Interjeições	O que expressam
Oba!, Eba!, Upa!, Legal!, Ah!, Uau!	alegria, satisfação
Ai!, Ui!	dor
Oi!, Olá!, Alô!, Salve!	saudação
Tchau!, Adeus!	despedida
Socorro!	medo
Ufa!	alívio
Oh!, Opa!, Epa!, Ué!, Ah!	susto, surpresa
Parabéns!, Bravo!, Viva!, Muito bem!	estímulo, aplauso, apoio
Droga!, Xii!, Nossa!, Credo!	insatisfação, desagrado
Psiu!, Silêncio!	silêncio
Tomara!, Oxalá!	desejo

1 Circule as interjeições e assinale o que elas expressam.

a) Eba! Minha avó fez brigadeiro para mim!

◯ estímulo ◯ alegria

b) Psiu! O bebê está dormindo, não faça muito barulho!

◯ silêncio ◯ chamamento

2 Encontre no diagrama cinco interjeições e complete as frases com elas.

P	A	R	A	B	É	N	S	A	Q	P	T	R	X
A	X	C	V	Q	H	M	G	J	Y	O	B	A	E
R	U	S	O	C	O	R	R	O	D	K	N	O	G
U	F	A	W	Z	T	U	H	J	T	C	H	A	U

a) _____! Feliz aniversário, Luana!

b) _____! Preciso de ajuda!

c) _____! Vou encontrar meus primos no Natal!

d) _____! Consegui chegar a tempo!

e) _____, Patrícia! Amanhã nos veremos.

3 Leia o quadrinho.

Cascão, de Mauricio de Sousa. São Paulo: Panini Comics, n. 45, set. 2010.

○ Agora complete de acordo com a cena.

a) O personagem Cebolinha expressa sensação de _____.

b) Para expressar essa sensação, ele usou a interjeição _____.

Texto 6 – A natureza pede ajuda

Escrevendo certo

● onde, aonde

Leia uma estrofe do poema e observe a palavra destacada.

Armarinho

Onde se pode comprar
Um pente que penteie
Os cabelos verdes
Das sereias do mar? [...]

Pera, uva ou maçã?, de Roseana Murray. São Paulo: Scipione, 2005.

Onde significa 'em que lugar'.
Onde indica o lugar em que alguém está ou em que algum fato aconteceu.

Leia este diálogo e observe a palavra destacada.

AONDE VOCÊ ESTÁ INDO COM O GATINHO?

VOU LEVÁ-LO AO VETERINÁRIO.

Aonde significa 'para que lugar'.
Aonde indica ideia de movimento, de direção.

● Complete as frases com **onde** ou **aonde** e responda às perguntas oralmente.

a) _____ você mora?

b) _____ você vai depois que sai da escola?

c) _____ você costuma ir aos domingos?

d) _____ você estuda?

De olho no dicionário

O que você faz quando tem dúvidas como estas?

Veja o que as crianças fizeram para resolver o problema.

Fique por dentro!

Quando você tiver dúvidas sobre o modo de escrever uma palavra, consulte o dicionário.

- Vamos fazer um jogo? O professor vai ditar algumas palavras. Você vai escrevê-las em uma das colunas abaixo. Depois você irá conferir as respostas no dicionário. Quando acertar a palavra na coluna "Com certeza" marcará 5 pontos; quando acertar a palavra na coluna "Em dúvida" marcará 1 ponto. Atenção! Se você errou alguma palavra escrita na coluna "Com certeza", perderá 5 pontos; já na coluna "Em dúvida", não perderá nada.

Com certeza	Em dúvida

Ideias em ação

Blog

Nesta Unidade você leu o texto **Blog da Julieta**. Como você já sabe, *blog* é uma página de internet em que os usuários trocam experiências e comentários sobre determinado assunto de interesse comum. Observe mais uma página do *blog* de Julieta, a personagem do escritor Ziraldo.

Diário da Julieta 3, de Ziraldo. São Paulo: Globo, 2012.

Que tal agora você escrever um texto para um *blog*? Com a ajuda do professor, escreva o texto, simulando que ele está postado em um *blog*. Depois de pronto, ele será lido pelos colegas e você conhecerá os textos deles.

Planejando suas ideias

Pensando no tema da Unidade, **Por um mundo melhor**, e nos textos que leu, você irá escrever um texto com dicas que você considera importantes para que tenhamos um mundo melhor. Seu texto poderá ser também uma experiência real pela qual você já tenha passado, uma opinião sobre alguma notícia que esteja em evidência, algum comentário ou resumo sobre um filme, etc., mas sempre relacionado ao tema da Unidade.

Lembre-se de seguir algumas etapas importantes:

- Dê um título para o *blog* e para o seu texto.
- Coloque os títulos de postagens anteriores em evidência.
- Crie alguma publicidade na página.
- Insira os ícones (botões) que você acha que um *blog* tem de ter.
- Deixe espaço para comentários dos leitores.

Incluir imagens, como fotos, molduras ou ilustrações, é sempre interessante, pois chama a atenção do leitor e torna a experiência de leitura mais prazerosa. Você poderá recortar de revistas ou imprimir as imagens da internet. Caso prefira, poderá ilustrar também.

Rascunho

Antes de começar a criar seu texto, releia as postagens de Julieta, observando como foram escritas, como começam e como terminam e se foi usada a 1ª pessoa (eu) ou não.

Escreva seu texto nas páginas de rascunho do **Caderno de produção de texto**.

Revisando suas ideias

Retome os pontos do planejamento e do rascunho para saber se você não se esqueceu de nenhum detalhe em seu texto. Peça para que o professor leia sua produção textual e que o oriente em como melhorá-la.

Texto final

Agora reescreva seu texto, fazendo as correções que forem necessárias. Use as páginas do **Caderno de produção de texto** para registrar seu texto finalizado.

Unidade 1

Sugestões para o aluno

Livros

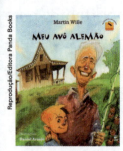

Meu avô alemão, de Martin Wille. São Paulo: Panda Books.

Os pais de Max pediram a ele que passasse alguns dias de suas férias com os avós alemães Hans e Olga, que ele mal conhecia. Durante esses dias Max aprendeu muitas coisas interessantes sobre seus antepassados e o povo alemão.

Meu avô japonês, de Juliana de Faria. São Paulo: Panda Books.

Isabel aprende com seu avô como os imigrantes japoneses passaram a viver aqui no Brasil, conhecendo mais sobre a cultura japonesa.

Tios e tias, de Nelson Albissú. São Paulo: Cortez.

O livro mostra diferentes tios que uma família pode ter, e como cada um, com seu jeito diferente de ser, pode ensinar os sobrinhos a vencer desafios.

Site@

<http://meninomaluquinho.educacional.com.br/>

Neste *site* você encontra jogos, atividades, tirinhas e piadas do universo do Menino Maluquinho.

Filme

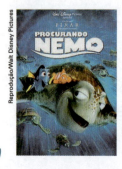

Procurando Nemo. Direção de Andrew Stanton e Lee Unkrich. Estados Unidos: Walt Disney Pictures e Pixar Animation, 2003. 1 DVD.

Nemo, um peixe-palhaço, desobedece ao aviso de seu pai e é levado por um mergulhador. Então seu pai, Marlin, embarca em uma jornada para resgatá-lo.

@*Site* acessado em: 26 mar. 2015.

Unidade 2

Livros

Bocão e os bichos, de Ziraldo. São Paulo: Globinho.

Bocão e toda a turma do Menino Maluquinho apresentam diferentes bichos em situações muito engraçadas.

Contos de animais, de Luís da Câmara Cascudo. São Paulo: Global.

Neste livro estão reunidas histórias populares de animais carregadas de encanto e sabedoria que a tradição conservou.

Eu cuido com carinho do meu cão, de Alexandre Rossi e Regina Rheingantz Motta. São Paulo: Caramelo.

Neste livro você vai encontrar dicas sobre os cuidados necessários que se deve ter com um cãozinho de estimação e truques para treiná-lo.

Site@

<www.brasil.discovery.uol.com.br/animal-planet/>

O *site* do programa Animal Planet contém informações sobre animais diversos, bem como fotos e curiosidades.

CD

A arca de Noé, de Vinícius de Morais. Sony Music, 2013.

Releitura do álbum **A arca de Noé**, de 1980. As poesias cantadas no CD têm abordagem educativa e lúdica.

@*Site* acessado em: 26 mar. 2015.

Unidade 3

Sugestões para o aluno

Livros

Gosto de ser eu mesmo!, de Jennifer Moore-Mallinos. São Paulo: Escala Educacional.

O menino desta história, que é cadeirante, quer aprender a jogar basquete. Com muito empenho, treinamento e ajuda dos pais ele enfrenta o desafio e consegue fazer parte do time de basquete da escola.

O pequeno príncipe: o planeta da música. Adaptação de Fabrice Colin. São Paulo: Leya.

O pequeno príncipe e a raposa têm como missão devolver a alegria de viver para Eufonia, cantora de ópera.

Pequenos contos para sonhar: **histórias tradicionais de muitos lugares**, de Mario Urbanet. Tradução de Eduardo Brandão. São Paulo: Companhia das Letrinhas.

Os contos reunidos neste livro fazem parte do mundo da fantasia, onde tudo é possível. Cada conto do livro termina com um ensinamento que nos faz refletir.

Site@

<http://todacriancapodeaprender.org.br/>

Este *site* chama a atenção para a capacidade de aprendizagem das crianças e como é importante que elas entrem em contato com informações relevantes.

CD

Canção de todas as crianças, de Toquinho. Universal Music, 1987.

Este CD representa o mais importante trabalho já realizado no Brasil com foco nas crianças, tendo recebido da ONU uma carta de reconhecimento por essa contribuição à humanidade.

@*Site* acessado em: 26 mar. 2015.

Unidade 4

Livros

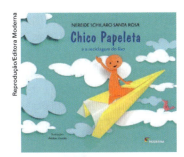

Chico Papeleta e a reciclagem de papel, de Nereide Schilaro Santa Rosa. São Paulo: Moderna.

Chico Papeleta, um menino feito de papel reciclado, conta a história do papel utilizado em várias atividades do nosso dia a dia.

O jogo de não jogar: uma história contra o desperdício, de Julieta de Godoy Ladeira. São Paulo: Atual.

Durante uma grande aventura, três amigos ensinam um jogo diferente e divertido: o jogo de não jogar nada fora desnecessariamente, de economizar água, energia e alimentos.

O Saci e a reciclagem do lixo, de Samuel Murgel Branco. São Paulo: Moderna.

O Saci, personagem do folclore brasileiro, fazendo uma de sua brincadeiras, acaba proporcionando um grande benefício para a cidade e aprendendo sobre a importância da reciclagem do lixo.

Site@

<www.objetivosdomilenio.org.br>
Site que apresenta os "8 jeitos de mudar o mundo".

Filme

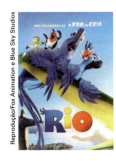

Rio. Direção de Carlos Saldanha. Estados Unidos: Fox Animation e Blue Sky Studios, 2011. 1 DVD.

Blu, uma arara-azul nascida no Rio de Janeiro, é capturado na floresta e passa a viver nos Estados Unidos. Volta à Cidade Maravilhosa com sua dona para acasalar com a única fêmea viva no Rio. Nessa aventura, o casal de araras é perseguido por uma quadrilha de venda de aves raras.

@*Site* acessado em: 26 mar. 2015.

Bibliografia

ADAMS, M. J. et al. *Consciência fonológica em crianças pequenas*. Porto Alegre: Artmed, 2006.

ALMEIDA, F. J.; FRANCO, M. G. *Avaliação para a aprendizagem*: o processo avaliativo para melhorar o desempenho dos alunos. São Paulo: Ática Educadores, 2011.

BALDI, E. *Leitura nas séries iniciais*: uma proposta para formação de leitores de literatura. Porto Alegre: Projeto, 2009.

BARBA, C. et al. *Computadores em sala de aula*: métodos e usos. Tradução de Alexandre Salvaterra. Porto Alegre: Penso, 2012.

BARBOSA, L. M. S. *Temas transversais*: como utilizá-los na prática educativa? Curitiba: IBPEX, 2007.

BRASIL. Ministério da Educação. *Ensino Fundamental de nove anos*: orientações para a inclusão da criança de seis anos de idade. Brasília: MEC/SEB/FNDE, 2006.

_____. *Pró-letramento*: programa de formação continuada de professores das séries iniciais do Ensino Fundamental. Brasília: MEC/SEB/FNDE, 2006. 7 v.

_____. Secretaria da Educação Fundamental. *Parâmetros Curriculares Nacionais*: Língua Portuguesa. Brasília: MEC/SEF, 1997.

_____. _____. *Referencial curricular nacional para Educação Infantil*. Brasília, 1998.

BUSQUETS, M. D. et al. *Temas transversais em educação*: bases para uma formação integral. 6. ed. São Paulo: Ática, 2000.

CAGLIARI, L. C. *Alfabetização & linguística*. São Paulo: Scipione, 2009. (Pensamento e ação na sala de aula).

CALKINS, L.; HARTMAN, A.; WHITE, Z. *Crianças produtoras de texto*: a arte de interagir em sala de aula. Porto Alegre: Artmed, 2008.

CAPRA, F. et al. *Alfabetização ecológica*: a educação das crianças para um mundo sustentável. Tradução de Carmen Fischer. São Paulo: Cultrix, 2014.

CARVALHO, F. C. A. *Tecnologias que educam*: ensinar e aprender com tecnologias de informação e comunicação. São Paulo: Pearson Prentice Hall, 2010.

COELHO, M. I. M.; COSTA, A. E. B. (Org.). *A educação e a formação humana*: tensões e desafios na contemporaneidade. Porto Alegre: Artmed, 2009.

COELHO, N. N. *Literatura infantil*: teoria, análise, didática. São Paulo: Moderna, 2011.

CUNHA, C.; CINTRA, L. F. L. *Nova gramática do português contemporâneo*. 3. ed. Rio de Janeiro: Nova Fronteira, 2013.

FAZENDA, I. C. A. *Didática e interdisciplinaridade*. Campinas: Papirus, 2010.

GERALDI, J. W. (Org.). *O texto na sala de aula*. São Paulo: Ática, 2006.

GOULART, I. B. *Piaget*: experiências básicas para utilização pelo professor. 20. ed. Petrópolis: Vozes, 2003.

HOFFMANN, J. *Avaliar para promover*: as setas do caminho. Porto Alegre: Mediação, 2009.

KOCH, I. G.; ELIAS, V. M. *Ler e compreender*: os sentidos do texto. São Paulo: Contexto, 2011.

KÖCHE, V. S.; MARINELLO, A. F.; BOFF, O. M. B. *Estudo e produção de textos*: gêneros textuais do relatar, narrar e descrever. Petrópolis: Vozes, 2012.

LEGAN, L. *A escola sustentável*: ecoalfabetizando pelo ambiente. São Paulo: Imprensa Oficial do Estado de São Paulo; Pirenópolis: Ecocentro/Ipec, 2007.

LUFT, C. P. *Novo guia ortográfico*. São Paulo: Globo, 2013.

MARZANO, R. J.; PICKERING, D. J.; POLLOCK, J. E. *O ensino que funciona*: estratégias baseadas em evidências para melhorar o desempenho dos alunos. Tradução de Magda Lopes. Porto Alegre: Artmed, 2008.

MORAIS, A. G. *Ortografia*: ensinar e aprender. São Paulo: Ática, 2010.

MORAIS, A. G. *Sistema de escrita alfabética*. São Paulo: Melhoramentos, 2012. (Como eu ensino).

MORAIS, J. *Criar leitores*: para professores e educadores. Barueri: Minha Editora, 2013.

NÓBREGA, M. J. *Ortografia*. São Paulo: Melhoramentos, 2013. (Como eu ensino).

PERRENOUD, P. et al. *As competências para ensinar no século XXI*: a formação dos professores e o desafio da avaliação. Tradução de Cláudia Schilling e Fátima Murad. Porto Alegre: Artmed, 2002.

PETTER, M.; FIORIN, J. L. (Org.). *África no Brasil*: a formação da língua portuguesa. São Paulo: Contexto, 2008.

PICCOLLI, L.; CAMINI, P. *Práticas pedagógicas em alfabetização*: espaço, tempo e corporeidade. Erechim: Edelbra, 2012.

ROIPHE, A.; Fernandez, M. A. *Gêneros textuais*: teoria e prática nos anos iniciais do Ensino Fundamental. Rio de Janeiro: Rovelle, 2011.

RUSSO, M. F.; VIAN, M. I. A. *Alfabetização*: um processo em construção. São Paulo: Saraiva, 2010.

SISTO, Celso. *Textos & pretextos sobre a arte de contar histórias*. Belo Horizonte: Aletria, 2012.

TEBEROSKY, A. *Compreensão de leitura*: a língua como procedimento. Tradução de Fátima Murad. Porto Alegre: Artmed, 2003.

VILLAS BOAS, B. M. F. *Virando a escola do avesso por meio da avaliação*. Campinas: Papirus, 2008.

VYGOTSKY, L. S. *Pensamento e linguagem*. Tradução de Jefferson Luiz Camargo. 3. ed. São Paulo: Martins Fontes, 2005.

ZABALA, A.; ARNAU, L. *Como aprender e ensinar competências*. Porto Alegre: Artmed, 2010.

Unidade 1

1 Leia este trecho de uma reportagem.

Mata Atlântica tem árvores com o tamanho de prédio de 12 andares

"Olhe ao redor. Respire fundo. Sinta a temperatura. Ouça o som... Tudo isso que você sente pertence ao meio ambiente", diz Otávio Maia, analista em ciência e tecnologia, autor do livro **Vocabulário Ambiental Infantojuvenil** [...].

O meio ambiente é onde vive o homem — sua casa, sua rua, seu bairro e sua cidade, por exemplo. Ele pode ser limpo e sadio, mas isso depende da ação humana.
[...]

Em seu livro, Maia usa o exemplo de uma caixa de bombons para explicar a biodiversidade. Se a caixa estiver repleta de bombons de diversos tipos e sabores, ela será rica em paladar. Assim também ocorre com a natureza: onde houver grande variedade de espécies de plantas e animais, haverá riqueza em biodiversidade [...].

No Brasil, essa caixa de bombons é bastante sortida. Muitas populações de microrganismos, de insetos, de anfíbios, de répteis, de aves, de mamíferos e de plantas, em contato umas com as outras, formam variadas comunidades.

O espaço de interação entre as comunidades e o ambiente é chamado de ecossistema. Quando uma área possui mais de um ecossistema, ela é chamada de bioma, como é o caso da mata Atlântica.

No bioma da mata Atlântica existem ecossistemas como os manguezais, a restinga, os campos de altitude, os brejos interioranos e as florestas estacional e ombrófila — essa última possui árvores tão altas que podem alcançar até 40 metros de altura, o equivalente a um prédio de 12 andares —, como o jequitibá, o ipê-roxo e o jatobá, onde as preguiças gostam de ficar.
[...]

Jornal **Folha de S.Paulo**. São Paulo, 3 ago. 2013. Folhinha.

2 Releia o primeiro parágrafo do texto e copie as palavras que apresentam:

a) vogais juntas;

....

....

....

b) consoantes juntas.

....

....

....

3 Releia os dois últimos parágrafos do texto da página anterior e sublinhe as palavras que possuem acento agudo, acento circunflexo e til. Depois escreva-as no quadro correto.

Palavras com acento agudo

....

....

....

Palavras com acento circunflexo

....

....

Palavras com til

....

....

4) Releia este trecho da reportagem e observe as letras destacadas.

> "Em seu livro, Maia usa o exemplo de uma caixa de bombons para explicar a biodiversidade. Se a caixa estiver repleta de bombons de diversos tipos e sabores, ela será rica em paladar. Assim também ocorre com a natureza: onde houver grande variedade de espécies de plantas e animais, haverá riqueza em biodiversidade [...].
> No Brasil, essa caixa de bombons é bastante sortida."

a) Qual é a diferença entre as letras escritas em verde e as escritas em vermelho?

....

b) Explique por que as palavras em verde foram escritas dessa forma.

Em, Se, Assim, No: ....

Maia: ....

Brasil: ....

5) Leia as palavras e separe-as em sílabas.

ambiente: ....

também: ....

última: ....

analista: ....

tecnologia: ....

jequitibá: ....

bioma: ....

humana: ....

caixa: ....

○ Agora responda:

a) Em quais palavras as consoantes **m** e **n** iniciam sílaba?

....

....

b) Em quais palavras as consoantes **m** e **n** finalizam sílaba?

....

Ao finalizar sílaba, as consoantes **m** e **n** indicam som nasal da vogal anterior.

c) Escreva, na primeira coluna de círculos da página anterior, o número de sílabas de cada palavra.

d) Observe as separações silábicas e identifique os encontros vocálicos. Depois pinte os círculos da segunda coluna com as cores correspondentes aos encontros vocálicos que você identificou.

6 Leia a sinopse deste livro.

A loja da dona Raposa

Dona Raposa tem uma loja onde se aceitam todos os tipos de encomenda. Um dia, ela decide fechá-la, porque não aguenta mais os pedidos birutas dos animais da floresta. Bem nessa hora, chega a dona Onça--Pintada, que veio justamente fazer um pedido muito esquisito.

Catálogo de Literatura infantil e informativos 2014. Editora Scipione.

a) Sublinhe com lápis de cor as palavras com encontro consonantal.

b) Copie as palavras em que há dígrafo na ordem em que aparecem no texto e escreva, nos quadrinhos, o dígrafo de cada uma.

7 Leia esta receita:

Bolinhos de chuva

Ingredientes
1 lata de leite condensado
1 lata de creme de leite
2 xícaras (chá) de farinha de trigo
1 colher (sopa) de fermento em pó

Modo de preparo
   Misture todos os ingredientes até formar uma massa homogênea. Com a ajuda de uma colher, pingue porções da massa em uma panela com óleo quente e frite até que fiquem douradas. Retire com uma espátula, escorra em papel absorvente e sirva a seguir.

Dica
   Você pode polvilhar com açúcar e canela no momento de servir.
   Rendimento: 50 unidades.

a) Leia as palavras destacadas no texto, separe-as em sílabas e circule a sílaba mais forte em cada uma delas.

....

....

....

b) A sílaba mais forte da palavra pode ser a última, a penúltima ou a antepenúltima.

   o Escreva as palavras do item **a** na coluna correta.

Antepenúltima sílaba	Penúltima sílaba	Última sílaba

   o Pinte o título de cada coluna de acordo com a legenda.

 oxítona    paroxítona    proparoxítona

Unidade 2

1. Leia o texto.

A lagarta que tinha medo de voar

Era uma vez uma lagarta bem grande e bonita. Seu nome era Lia.

Ela morava num abacateiro com outros insetos. Conversava com todos, especialmente com suas colegas lagartas.

Lia era muito alegre e animada, até o dia em que soube que estava bem próximo para ela o momento mais importante da vida das lagartas: transformar-se em borboleta.

— Mas, afinal, o que é uma borboleta? — perguntou para sua amiga mais velha, que se preparava para o sono transformador.

— Borboleta é o ser mais lindo que eu conheço. Tem em suas asas todas as cores da natureza e voa com a leveza do vento.

[...]

A lagarta que tinha medo de voar, de Cleide Vilas. São Paulo: Paulinas, 2010.

2 Releia o texto e circule os sinais de pontuação.

3 Copie do texto uma frase:

a) afirmativa;

....

....

b) interrogativa.

....

....

4 Releia o título do texto e copie as palavras que indicam:

animal: .... sentimento: ....

a) Releia o texto e copie as duas outras palavras que indicam animal.

....

b) Complete a frase abaixo com um substantivo para mudar o título do texto.

A lagarta que tinha .... de voar

5 Copie do texto as palavras que indicam:

a) nome de árvore: ....
(segundo parágrafo)

b) espaço de tempo formado por 24 horas: ....
(terceiro parágrafo)

c) parte do corpo de aves e insetos: ....
(quinto parágrafo)

d) ar em movimento: ....
(quinto parágrafo)

> As palavras que você copiou nas atividades 4 e 5 são chamadas de **substantivo**. O substantivo indica tudo o que existe, na realidade ou na imaginação.

6 Releia o quarto parágrafo do texto:

> "— Mas, afinal, o que é uma borboleta? — **perguntou para sua amiga mais velha,** que se preparava para o sono transformador."

a) Quem perguntou?

....

b) Invente um nome para a "amiga mais velha".

....

c) Reescreva o quarto parágrafo empregando os substantivos das questões **a** e **b**.

....

....

....

....

....

....

7 Leia os substantivos e empregue os artigos **o** ou **a**.

.... lagarta   .... nome

.... abacateiro   .... inseto

.... dia   .... momento

.... vida   .... borboleta

.... amiga   .... sono

.... ser   .... asa

.... cor   .... natureza

.... vento   .... leveza

8 Agora releia os substantivos e empregue os artigos **um** ou **uma**.

.... lagarta   .... nome

.... abacateiro   .... inseto

.... dia   .... momento

.... vida   .... borboleta

.... amiga   .... sono

.... ser   .... asa

.... cor   .... natureza

.... vento   .... leveza

9 Escolha dois substantivos acompanhados dos artigos indefinidos acima e escreva uma frase para cada um deles.

a) ....

....

b) ....

....

10 Ligue as palavras e forme substantivos compostos.

(asa-)   (delta)

(amigo da)   (vento)

(cata-)   (onça)

- Escreva os substantivos compostos que você formou acima. Não se esqueça do hífen e da preposição.

....

....

11 Leia o poema abaixo.

O pato

Lá vem o pato
Pata aqui, pata acolá
Lá vem o pato
Para ver o que é que há.

O pato pateta
Pintou o caneco
Surrou a galinha
Bateu no marreco
Pulou do poleiro
No pé do cavalo
Levou um coice
Criou um galo
Comeu um pedaço
De jenipapo
Ficou engasgado
Com dor no papo
Caiu no poço
Quebrou a tigela
Tantas fez o moço
Que foi pra panela.

A arca de Noé, de Vinicius de Moraes. São Paulo: Companhia das Letrinhas, 2004.

12 Releia o poema e depois escreva:

a) todas as palavras que tenham **j** ou **g**;

....

....

b) as palavras com **j** e **g** que possuem o mesmo som;

....

....

c) as palavras com **rr**;

....

d) as palavras com **r** entre vogais.

....

13 Complete a coluna dos substantivos derivados. Para isso, utilize os substantivos primitivos dados.

Substantivo primitivo	Substantivo derivado
pato	
galinha	
cavalo	
panela	
dor	
pé	
moço	

Unidade 3

1 Leia o texto abaixo.

O monstro do lago

No fundo do lago Panttoufle vivia um monstro misterioso que todos os dias, entre as 13 e as 18 horas, aparecia sem falta na superfície. Isto simplificava a atividade de avistar o monstro de um barquinho ou da costa, com a ajuda de binóculos.

Sua rotina começava com pequenas borbulhas que brotavam esporádicas e ruidosas, e logo aparecia sua cabeça, seu compridíssimo pescoço e, por último, o corpo e a cauda. Ele emitia sons inclassificáveis, como de panelas raspando e garrafas sopradas, dava quatro ou cinco voltas e submergia de novo; porém afundava com pouca elegância, como se estivesse bêbado. Esse costume pontual se repetia todos os dias, exceto feriados.

Conforme sua fama crescia, começaram a vir turistas de todas as partes do mundo para ver o espetáculo. O pacote de viagem para o município de Panttoufle incluía guia, transporte, vista do monstro e lanche.

Um dia ele deixou de aparecer. Dizem que em sua última apresentação, ele se despediu fazendo mais barulhos que de costume, e até lhe saiu fumaça preta pelas orelhas antes de ser tragado pelas águas profundas do lago.

O povo lamentou sua ausência. Mas lamentou por um tempo, já que muitos vizinhos afirmam que um voador muito parecido pode ser visto, das 9 às 14 horas, costurando o céu com piruetas descontroladas.

Excessos e exageros, de Pablo Bernasconi. São Paulo: Girafinha, 2008.

2 Observe o quadro abaixo e faça o que se pede.

a) Circule de verde os substantivos no singular.

b) Circule de azul os substantivos no plural.

lanche	transporte	binóculos
viagem	panelas	vizinhos
borbulhas	corpo	piruetas
pacote	povo	garrafas
feriados	monstro	lago
sons	guia	

c) Copie os substantivos no singular e transforme-os em plural, conforme o exemplo.

Singular	Plural
lanche	lanches

d) Agora copie os substantivos no plural e transforme-os em singular.

Plural	Singular

3 Complete a informação.

Para transformar em plural os substantivos no singular terminados em **m**, como **som** e **viagem**, é preciso tirar o **m** e acrescentar ....

4 Observe as imagens e depois escreva o nome do objeto no grau normal, no diminutivo e no aumentativo.

....

....

5 Releia o texto **O monstro do lago**, encontre e escreva:

a) um substantivo no diminutivo;

....

b) um adjetivo superlativo.

....

6 Localize no texto um numeral e copie-o abaixo. Ao lado, escreva-o por extenso.

....

- Marque com um **X** o tipo de numeral representado.

  ◯ ordinal   ◯ multiplicativo

  ◯ cardinal   ◯ fracionário

7 Leia a história em quadrinhos abaixo.

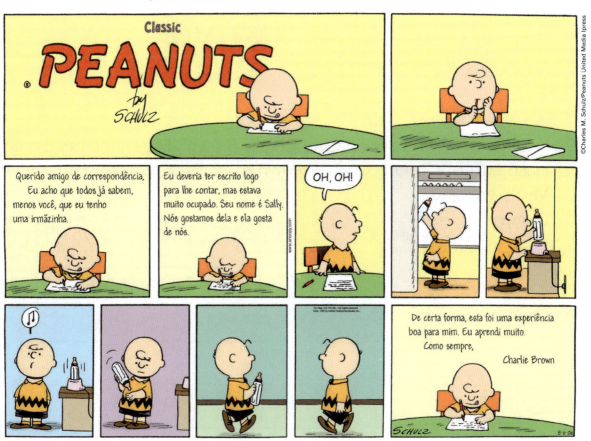

Disponível em: <http://tiras-snoopy.blogspot.com.br/2006/08/peanuts-1959-tira-221.html>.
Acesso em: 27 abr. 2015.

8 Releia os quadrinhos da atividade 7 e copie os pronomes solicitados.

a) terceiro quadrinho

pronome reto: ....   pronome de tratamento: ....

b) quarto quadrinho

pronome reto: ....   pronome oblíquo: ....

c) décimo segundo quadrinho

pronome oblíquo: ....

9 Releia o texto do terceiro quadrinho e reescreva-o invertendo os gêneros masculino e feminino das palavras destacadas.

> "**Querido amigo** de correspondência, eu acho que todos já sabem, menos você, que eu tenho **uma irmãzinha**."

....

....

....

10 Você já conhecia o personagem Charlie Brown? Escreva no quadro abaixo cinco adjetivos para o Charlie Brown e, ao lado, escreva seu superlativo. Veja o exemplo.

Adjetivo	Superlativo
bom	boníssimo

Unidade 4

1 Leia os verbos do quadro e use-os para completar os espaços abaixo.

ajuda	abanava	sentou	tenho
pensou	cantarolou	mandou	balançava
foi	vim	respondeu	disse
adoraria	passou	bocejou	

Pooh .... seus amigos

Pooh ....-se na beirada da cama e ficou olhando sua casa tão aconchegante. "Puxa, uma casa tão legal e não .... nada para fazer", ... ele.

Pooh, então, ... e murmurou baixinho para tentar se distrair. "Esse canto .... embora meu desencanto", pensou Pooh, suspirando.

Um pouco depois, o ursinho começou a ficar entediado por não ter nada para fazer.

"Talvez eu deva procurar alguém para não fazer nada junto comigo", pensou Pooh. "Isso seria muito mais divertido."

O ursinho .... até a casa de Leitão e bateu à porta.

— Leitão, ... até aqui ver se você quer não fazer nada comigo.

— Isso parece legal! — .... o porquinho. — Eu ...., mas primeiro tenho de lavar a louça.

O rosto de Pooh iluminou-se.

— Posso ajudar você, Leitão?

— É claro! — respondeu Leitão.

Ele .... uma toalha a Pooh, que ia secando os pratos lavados pelo porquinho. Quando toda a louça já estava devidamente lavada e guardada, Leitão .... :

— Muito obrigado, Pooh. Essa tarefa feita em dupla é muito mais divertida. Agora estou pronto para não fazer nada.

Pooh cantarolava; Leitão .... as orelhas e .... levemente os pés.

Meio cansado de ficar à toa, o ursinho .... Leitão, sem conseguir evitar, bocejou também.

— Pooh, você está se divertindo? — perguntou Leitão.

— Não — respondeu pensativamente. — Não fazer nada é meio chato, né?

— Pooh, estive pensando — disse Leitão —, talvez neste momento tenha alguém precisando da nossa ajuda.

— Fazer qualquer coisa será melhor do que não fazer nada — concordou o ursinho.

[...]

Pooh: as mais belas histórias, de Walt Disney. São Paulo: Melhoramentos, 2004.

2 Observe a relação entre estes verbos do texto:

sentou	→	sentar	→	sentando
ficou	→	ficar	→	ficando
tenho	→	ter	→	tendo
pensou	→	pensar	→	pensando

a) Faça o mesmo com os verbos abaixo.

ajuda → .... → ....

cantarolou → .... → ....

murmurou → .... → ....

começou → .... → ....

bateu → .... → ....

b) Releia o texto e copie os verbos terminados em **-ndo**.

....

....

c) Releia o texto a partir do sétimo parágrafo e copie os verbos terminados em **r**.

....

....

3 Releia o título do texto da página 19.

a) Qual verbo foi empregado nele? Em qual tempo está esse verbo?

....

....

....

b) Reescreva o título empregando o verbo no tempo futuro e no tempo pretérito.

....

....

....

c) Quais são as formas desse verbo terminadas em **r** e em **-ndo**?

....

4 Observe o exemplo e continue a escrever.

Verbo	Substantivo	Adjetivo
ajudar	a ajuda	ajudado
	o desencanto	desencantado
		divertido
	a resposta	
lavar		
iluminar		
	o cansaço	
bater		

5 Complete os espaços com o verbo **bater** nas formas verbais indicadas.

pretérito O ursinho .... à porta da casa do amigo.

presente Eles .... à porta de amigos quando precisam de ajuda.

futuro Eu .... à porta de Pooh.

6 Releia o primeiro e o segundo parágrafos do texto e reescreva-os empregando os verbos no tempo presente.

....
....
....
....
....
....
....

7 Leia o texto abaixo.

Congelamento curioso

A água quente pode congelar mais rápido do que a fria — e ninguém consegue explicar o porquê.

Pense no seguinte experimento: você pega um copo com água quente, outro com água fria. Coloca os dois no congelador. Em qual dos recipientes a água vai virar gelo mais depressa? Aposto que você respondeu que a água fria congela mais rápido — o curioso é que a resposta certa nem sempre é essa!

A lógica nos faz pensar que, quanto mais quente a água estiver, mais vai demorar a congelar. Mas isso não é uma verdade absoluta. A água quente pode congelar mais rápido do que a água na temperatura ambiente. Parece estranho, e é mesmo! Até hoje, nenhuma pesquisa conseguiu explicar direito por que isso acontece.

[...]

O assunto é tão intrigante que [...] houve um concurso patrocinado pela Sociedade Real de Química da Grã-Bretanha. Mais de 20 mil artigos científicos foram inscritos e avaliados, e nenhum deles conseguiu explicar totalmente o fenômeno.

Recentemente, um novo estudo feito pela Universidade Tecnológica de Nanyang, em Cingapura, alegou ter resolvido o mistério. Entretanto, para o engenheiro químico Renato Dutra Pereira Filho, da Universidade Federal do Rio Grande, ainda não foi dessa vez que encontraram a solução. "O artigo tem seu mérito, mas ainda precisamos trabalhar mais para criar uma boa teoria", opina.

Como foi que um fenômeno tão simples gerou tanta confusão entre os cientistas?

Disponível em: <http://chc.cienciahoje.uol.com.br/congelamento-curioso/>. Acesso em: 31 mar. 2015.

8 Releia o texto e escreva abaixo:

a) dois advérbios de modo;

....

b) três advérbios de tempo;

....

c) três preposições.

....

9 Transforme os advérbios abaixo em adjetivos.

totalmente → ....

recentemente → ....

10 Leia as frases abaixo. Depois circule o sujeito e sublinhe o predicado.

> "A água quente pode congelar mais rápido do que a água na temperatura ambiente."
>
> "O artigo tem seu mérito, mas ainda precisamos trabalhar mais para criar uma boa teoria."

11 Leia a frase abaixo e substitua a preposição em destaque por outra preposição que faça sentido.

> "Como foi que um fenômeno tão simples gerou tanta confusão **entre** os cientistas?"

Como foi que um fenômeno tão simples gerou tanta confusão .... os cientistas?

12 Escreva abaixo uma frase do texto que apresenta uma interjeição.

....

Caderno de verbos

Material de apoio

4º ANO

editora Scipione

Sumário

Verbo 3

Pessoa 4

Número 5

Tempo 6

Modo 7

    Os tempos do modo indicativo 8

As conjugações 9

Modelos de conjugação verbal 10

    Primeira conjugação – verbo amar 10

    Segunda conjugação – verbo beber 11

    Terceira conjugação – verbo partir 12

Verbos auxiliares 13

Conjugação dos principais verbos auxiliares 14

    Modo indicativo 14

Verbo

O que é **verbo**?

Leia as frases e observe as palavras destacadas.

Chovia muito lá no sítio do vovô.
Os meninos **corriam** para lá e para cá.
Eles **estavam** molhados e aflitos.

Você pôde notar que:

- a palavra **chovia** indica um fenômeno da natureza;
- a palavra **corriam** indica a ação dos meninos, isto é, o que eles estavam fazendo;
- a palavra **estavam** indica como os meninos se sentiam, o estado em que eles estavam.

Verbo é a palavra que indica ação, fenômeno da natureza ou estado.

O verbo varia em pessoa, número, tempo e modo.

Pessoa

São três as pessoas do discurso: primeira pessoa, segunda pessoa e terceira pessoa.

● Número

O verbo pode estar no singular ou no plural.

> **Singular**: indica uma só pessoa ou coisa.

Leia estas frases e observe a relação entre as palavras:

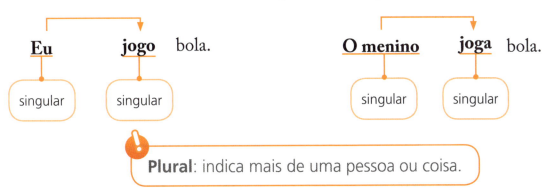

Eu **jogo** bola.
singular — singular

O menino **joga** bola.
singular — singular

> **Plural**: indica mais de uma pessoa ou coisa.

Veja estas frases:

Nós **jogamos** bola.
plural — plural

Os meninos **jogam** bola.
plural — plural

Nós **jogamos** bola na quadra da escola.
Eu **marquei** um gol.
Eles **perderam** o jogo.

Tempo

O **tempo** indica o momento em que a ação ou o fato expressos pelo verbo acontecem, aconteceram ou acontecerão.

Os três tempos do verbo são: presente, pretérito e futuro.

No **presente**, a ação ou o fato ocorrem no momento em que se fala ou acontecem sempre.

Ela **telefona** para a amiga todos os dias.

No **pretérito** (ou passado), a ação ou o fato já ocorreram em um momento anterior àquele em que se fala.

Ela **comeu** um pedaço de bolo.

No **futuro**, a ação ou o fato acontecerão após o momento em que se fala.

Eles **irão** ao cinema mais tarde.

Modo

> O **modo** indica como a ação verbal se passa.

O **modo indicativo**, por exemplo, indica a ação de modo definido diante do fato, que pode estar no presente, no passado ou no futuro:

- presente:

Ele **caminha** na estrada de terra.

- pretérito:

Ele **plantou** uma flor.

- futuro:

Eu **brincarei** com a bola amanhã.

Os tempos do modo indicativo

Os tempos do modo indicativo são: presente, pretérito e futuro.

> **Presente**: indica um fato que se realiza no momento em que se fala ou que acontece sempre.

> Ela **canta** e **dança**.

> **Pretérito**: indica um fato que se realizou antes do momento em que se fala.

O tempo **pretérito** divide-se em:

- **pretérito perfeito**: indica um fato passado que foi terminado.

   > Ela **cantou** e **dançou**.

- **pretérito imperfeito**: indica um fato passado, mas ainda não terminado.

   > Ela **cantava** e **dançava**.

- **pretérito mais-que-perfeito**: indica um fato passado já terminado em relação a outro acontecimento também passado.

   > Ela já **cantara** quando você chegou.

> **Futuro**: indica um fato que se realizará após o momento em que se fala.

O tempo **futuro** divide-se em:

- **futuro do presente**: indica um fato que se realizará após o momento em que se fala, tomado como certo ou provável.

   > Ela **levantará** cedo amanhã.

- **futuro do pretérito**: indica um acontecimento não realizado que ocorreria mediante uma condição.

   > Ela **levantaria** cedo se a mãe a tivesse chamado.

As conjugações

São três as conjugações do verbo: primeira conjugação, segunda conjugação e terceira conjugação.

Primeira conjugação: todos os verbos terminados em **-ar**.

O menino **pulou** o portão e **pegou** a sua bola.

Você pôde notar que:

- a palavra **pulou** vem do verbo **pular**;
- a palavra **pegou** vem do verbo **pegar**.

Segunda conjugação: todos os verbos terminados em **-er**.

O menino **correu** do cão.
O cão **mordeu** a bola.

Você pôde notar que:

- a palavra **correu** vem do verbo **correr**;
- a palavra **mordeu** vem do verbo **morder**.

Terceira conjugação: todos os verbos terminados em **-ir**.

O menino **abriu** o portão.
O cão **fugiu** com a bola.

Você pôde notar que:

- a palavra **abriu** vem do verbo **abrir**;
- a palavra **fugiu** vem do verbo **fugir**.

Atenção! O verbo **pôr** e seus derivados (**compor**, **repor**, etc.) pertencem à **segunda conjugação**, pois sua forma antiga era **poer**.

Modelos de conjugação verbal

Primeira conjugação – verbo amar

Modo indicativo		
Presente	Pretérito perfeito	Pretérito imperfeito
Eu amo Tu amas Ele/Ela ama Nós amamos Vós amais Eles/Elas amam	Eu amei Tu amaste Ele/Ela amou Nós amamos Vós amastes Eles/Elas amaram	Eu amava Tu amavas Ele/Ela amava Nós amávamos Vós amáveis Eles/Elas amavam
Pretérito mais-que--perfeito	Futuro do presente	Futuro do pretérito
Eu amara Tu amaras Ele/Ela amara Nós amáramos Vós amáreis Eles/Elas amaram	Eu amarei Tu amarás Ele/Ela amará Nós amaremos Vós amareis Eles/Elas amarão	Eu amaria Tu amarias Ele/Ela amaria Nós amaríamos Vós amaríeis Eles/Elas amariam

Segunda conjugação – verbo beber

Modo indicativo

Presente	Pretérito perfeito	Pretérito imperfeito
Eu bebo Tu bebes Ele/Ela bebe Nós bebemos Vós bebeis Eles/Elas bebem	Eu bebi Tu bebeste Ele/Ela bebeu Nós bebemos Vós bebestes Eles/Elas beberam	Eu bebia Tu bebias Ele/Ela bebia Nós bebíamos Vós bebíeis Eles/Elas bebiam
Pretérito mais-que--perfeito	Futuro do presente	Futuro do pretérito
Eu bebera Tu beberas Ele/Ela bebera Nós bebêramos Vós bebêreis Eles/Elas beberam	Eu beberei Tu beberás Ele/Ela beberá Nós beberemos Vós bebereis Eles/Elas beberão	Eu beberia Tu beberias Ele/Ela beberia Nós beberíamos Vós beberíeis Eles/Elas beberiam

Terceira conjugação – verbo partir

Modo indicativo

Presente	Pretérito perfeito	Pretérito imperfeito
Eu parto	Eu parti	Eu partia
Tu partes	Tu partiste	Tu partias
Ele/Ela parte	Ele/Ela partiu	Ele/Ela partia
Nós partimos	Nós partimos	Nós partíamos
Vós partis	Vós partistes	Vós partíeis
Eles/Elas partem	Eles/Elas partiram	Eles/Elas partiam

Pretérito mais-que--perfeito	Futuro do presente	Futuro do pretérito
Eu partira	Eu partirei	Eu partiria
Tu partiras	Tu partirás	Tu partirias
Ele/Ela partira	Ele/Ela partirá	Ele/Ela partiria
Nós partíramos	Nós partiremos	Nós partiríamos
Vós partíreis	Vós partireis	Vós partiríeis
Eles/Elas partiram	Eles/Elas partirão	Eles/Elas partiriam

Verbos auxiliares

Observe:

Minha irmã **está fazendo** bolo.
Ela **tem feito** bolos gostosos.
Eu **estou sorrindo** porque sei que vou comer um bolo mais tarde.
Em breve a cozinha **estará cheirando** muito bem.

Nas frases acima, os verbos **estar** e **ter** são usados ao lado do verbo **fazer**, **sorrir** e **cheirar**.

Nesse caso, os verbos **estar** e **ter** funcionam como verbos **auxiliares**.

Verbo auxiliar é aquele utilizado para auxiliar, isto é, ajudar a conjugação de outro verbo.

Conjugação dos principais verbos auxiliares

Modo indicativo

TER SER HAVER ESTAR

Presente			
Ter	Ser	Haver	Estar
Eu tenho Tu tens Ele/Ela tem Nós temos Vós tendes Eles/Elas têm	Eu sou Tu és Ele/Ela é Nós somos Vós sois Eles/Elas são	Eu hei Tu hás Ele/Ela há Nós havemos Vós haveis Eles/Elas hão	Eu estou Tu estás Ele/Ela está Nós estamos Vós estais Eles/Elas estão

Pretérito perfeito			
Eu tive Tu tiveste Ele/Ela teve Nós tivemos Vós tivestes Eles/Elas tiveram	Eu fui Tu foste Ele/Ela foi Nós fomos Vós fostes Eles/Elas foram	Eu houve Tu houveste Ele/Ela houve Nós houvemos Vós houvestes Eles/Elas houveram	Eu estive Tu estiveste Ele/Ela esteve Nós estivemos Vós estivestes Eles/Elas estiveram

Pretérito imperfeito			
Eu tinha Tu tinhas Ele/Ela tinha Nós tínhamos Vós tínheis Eles/Elas tinham	Eu era Tu eras Ele/Ela era Nós éramos Vós éreis Eles/Elas eram	Eu havia Tu havias Ele/Ela havia Nós havíamos Vós havíeis Eles/Elas haviam	Eu estava Tu estavas Ele/Ela estava Nós estávamos Vós estáveis Eles/Elas estavam

TER   SER   HAVER   ESTAR

Pretérito mais-que-perfeito

Ter	Ser	Haver	Estar
Eu tivera	Eu fora	Eu houvera	Eu estivera
Tu tiveras	Tu foras	Tu houveras	Tu estiveras
Ele/Ela tivera	Ele/Ela fora	Ele/Ela houvera	Ele/Ela estivera
Nós tivéramos	Nós fôramos	Nós houvéramos	Nós estivéramos
Vós tivéreis	Vós fôreis	Vós houvéreis	Vós estivéreis
Eles/Elas tiveram	Eles/Elas foram	Eles/Elas houveram	Eles/Elas estiveram

Futuro do presente

Eu terei	Eu serei	Eu haverei	Eu estarei
Tu terás	Tu serás	Tu haverás	Tu estarás
Ele/Ela terá	Ele/Ela será	Ele/Ela haverá	Ele/Ela estará
Nós teremos	Nós seremos	Nós haveremos	Nós estaremos
Vós tereis	Vós sereis	Vós havereis	Vós estareis
Eles/Elas terão	Eles/Elas serão	Eles/Elas haverão	Eles/Elas estarão

Futuro do pretérito

Eu teria	Eu seria	Eu haveria	Eu estaria
Tu terias	Tu serias	Tu haverias	Tu estarias
Ele/Ela teria	Ele/Ela seria	Ele/Ela haveria	Ele/Ela estaria
Nós teríamos	Nós seríamos	Nós haveríamos	Nós estaríamos
Vós teríeis	Vós seríeis	Vós haveríeis	Vós estaríeis
Eles/Elas teriam	Eles/Elas seriam	Eles/Elas haveriam	Eles/Elas estariam

○ Observe a cena e utilize verbos para indicar as ações que estão sendo realizadas.

Substantivo: masculino e feminino / aumentativo e diminutivo

> O substantivo pode variar em gênero, isto é, pode ser **masculino** ou **feminino**.

Encontre na cena as imagens que representam os substantivos masculinos a seguir:

o ônibus • o carro • o chaveiro

Encontre na cena as imagens que representam os substantivos femininos a seguir:

a bicicleta • a moto • a farmácia

> O substantivo também pode variar em grau, ou seja, indicar a variação de tamanho dos seres.

Encontre na cena as imagens que representam os substantivos abaixo, nos graus normal, aumentativo e diminutivo:

bola • bolão • bolinha

Substantivo: masculino e feminino / aumentativo e diminutivo

Alguns substantivos podem ser tanto do gênero masculino quanto do gênero feminino. Nesse caso, eles se diferenciam pelo artigo que os acompanha. Exemplos:

o dentista	**a** dentista
o colega	**a** colega
o artista	**a** artista
o estudante	**a** estudante
o indígena	**a** indígena
o jovem	**a** jovem

Palavras que têm **s** na última sílaba fazem o diminutivo com terminação **-inho** e **-inha**.

ca**s**a → ca**sinha**

Palavras que não têm **s** na última sílaba fazem o diminutivo com terminação **-zinho** e **-zinha**. Exemplo:

flor → flor**zinha**